Étude sur la littérature du moyen âge

Par G. A. HEINRICH,

ANCIEN ÉLÈVE DE L'ÉCOLE NORMALE, DOCTEUR ÈS-LETTRES.

PARIS
A. FRANCK, LIBRAIRE-ÉDITEUR
Rue Richelieu, 67
LEIPSICK, MÊME MAISON
1855.

ÉTUDE

SUR

WOLFRAM D'ESCHENBACH.

IMPRIMERIE DE W. REMQUET ET Cie,
rue Garancière, n. 5.

LE PARCIVAL

DE

WOLFRAM D'ESCHENBACH

ET

LA LÉGENDE DU SAINT GRAAL

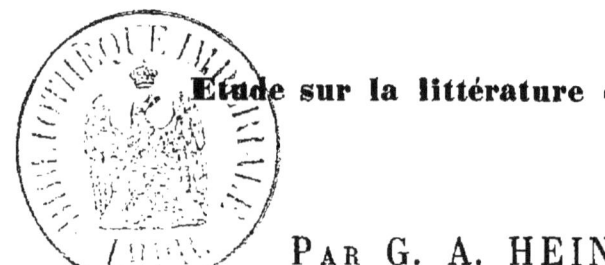

Étude sur la littérature du moyen âge

Par G. A. HEINRICH,

ANCIEN ÉLÈVE DE L'ÉCOLE NORMALE, DOCTEUR ÈS-LETTRES.

PARIS

A. FRANCK, LIBRAIRE-ÉDITEUR

Rue Richelieu, 67.

LEIPSICK, MÊME MAISON.

1855.

A LA MÉMOIRE VÉNÉRÉE

DE

M. Frédéric OZANAM,

PROFESSEUR DE LITTÉRATURE ÉTRANGÈRE A LA FACULTÉ DES LETTRES
DE PARIS,

PIEUX HOMMAGE DE RECONNAISSANCE
ET DE REGRETS.

———

A M. L'ABBÉ NOIROT,

RECTEUR DE L'ACADÉMIE DE LYON,

TÉMOIGNAGE DE RESPECT.

TABLE DES MATIÈRES.

pages.

CHAPITRE PREMIER. — Introduction. — Caractères généraux de la littérature allemande au moyen âge. — Wolfram d'Eschenbach. — Sa vie et ses œuvres. 1

CHAP. II. — La légende du Saint Graal. 47

CHAP. III. — Développements de la légende : le Mabinogi de Pérédur. — Le Perceval Français. — Le Parcival de Wolfram. 98

CHAP. IV. — Des caractères. 136

§ I. De la piété. — Du merveilleux et de la magie. . 136

§ II. — Du sentiment de la valeur et des caractères de guerriers. 155

§ III. — Du sentiment de l'amour et des caractères de femmes. 166

CHAP. V. — Appréciation générale du poëme. — Conclusion. . . 189

NOTES ET ÉCLAIRCISSEMENTS.

Note I. — De la présence du sentiment chevaleresque dans l'épopée des Nibelungen. 211

Note II. — Traduction de l'ode VI de Wolfram d'Eschenbach. . 213

Note III. — De diverses reliques analogues au Saint Graal . . 214

Note IV. — Sur les rapports de la légende de Frégus et Galienne avec la fable de Pérédur. 215

Note V. — Des rapports du chant breton de Lez-Breiz avec la
légende de Perceval. 218

Note VI. — Sur le roman en vers du Saint Graal. 221

Note VII. — Transformation de la légende de Lohengrin. . . 223

Note VIII. — Généalogie des rois du Graal. 225

Note IX. — Texte de Dietrich de Thuringe sur Klingsor de
Hongrie. 225

Note X. — Fragments de la ballade des trois moines rouges. . 226

ÉTUDE
SUR
WOLFRAM D'ESCHENBACH.

---—o✪o—---

CHAPITRE PREMIER.

INTRODUCTION. — **Caractères généraux de la littérature allemande au moyen âge.**
Wolfram d'Eschenbach. — **Sa vie et ses œuvres.**

Lorsqu'on étudie l'histoire littéraire des nations modernes, on remarque aussitôt la différence de leur génie à la différence des sujets qui les ont inspirées. Il n'en est pas de même au moyen âge. Les nations formées du mélange des barbares avec les vieilles populations de l'empire romain ont toutes commencé par retracer, dans un latin informe, les faits de l'histoire contemporaine et les récits miraculeux de la *Vie des Saints ;* plus tard, lorsque apparaissent les langues modernes, et que se répand le goût des romans de chevalerie, ce sont les mêmes légendes qui charment les imaginations de tout l'Occident, les mêmes héros qu'on célèbre en des idiomes différents, partout où s'étend l'influence de la civilisation chrétienne. C'est que l'histoire intellectuelle du moyen âge se résume dans un seul fait : l'éducation des peuples naissants par l'Église; et comme cette éducation était donnée partout d'une manière uniforme, les résultats durent en être partout les mêmes. Toutes les littératures commencèrent à l'ombre des cloîtres, et comptèrent pour leurs premiers écrivains des moines et des hagiographes ; lorsque, au XIIe siècle, les lettres se sécularisèrent, ce fut encore sous l'influence de deux pensées chrétiennes que les langues nationales prirent leur premier essor, sous l'influence des croisades que décréta l'Église, et de la chevalerie qu'elle inspira.

Tant d'unité se conçoit bien pour les peuples autrefois soumis à la domination romaine : tous avaient reçu les bienfaits d'une même civilisation ; diversement modifié, le latin prédominait cependant dans tous leurs idiomes, et leurs regards, habitués à se tourner vers Rome, comme vers la maîtresse du monde, s'y reportaient encore pour vénérer le tombeau des saints Apôtres et le centre de la religion chrétienne. Cette longue tradition d'obéissance rendait jusqu'à un certain point facile le maintien d'une même discipline, à la faveur de laquelle devaient nécessairement régner partout les mêmes idées. Mais il semble, au premier abord, que la Germanie, venue la dernière au sein de la société chrétienne, difficilement soumise à la foi nouvelle par l'infatigable apostolat de saint Boniface et par les armes de Charlemagne, séparée si souvent de l'influence romaine par les luttes du sacerdoce et de l'Empire, devait avoir une littérature qui lui fût propre, et toute pénétrée de cet esprit de résistance qui, mal comprimé dans le moyen âge, éclate au XVIe siècle à la voix de Luther. Il n'en est rien cependant. Ses *minnesinger* n'ont pas souvent puisé à d'autres sources que nos troubadours et nos trouvères, et le plus grand d'entre eux, Wolfram d'Eschenbach, est tout Français par le choix des sujets qu'il traite.

Mais si les anciennes croyances de l'Allemagne tiennent moins de place dans sa littérature que les cycles légendaires communs à toute l'Europe, il ne faut pas croire, cependant, que ses vieux poëmes soient dépourvus de toute originalité; car, sous les noms fabuleux des héros d'un autre âge, les auteurs de romans ont toujours, même à leur insu, représenté leurs compatriotes et leurs contemporains. Le sujet du tableau est donné, mais pour le tracer le peintre emprunte ses couleurs aux objets qui l'environnent, et le génie national, qui n'a pu se manifester dans la conception de l'ensemble, reparaît dans l'expression des détails. De même qu'à la table où l'on célèbre les Noces de Cana Paul Véronèse fait asseoir, à côté de la figure traditionnelle du Christ, tous les personnages d'une cour italienne de la renaissance; ainsi dans les fictions du moyen âge, à côté des pairs de Charlemagne et des preux de la Table-Ronde, et quelquefois jusque sous leur armure, les poëtes font vivre, agir et parler les hommes de leur temps. Cette circonstance, qui fait le charme de ces études, en fait aussi la difficulté; car c'est surtout dans le moyen âge qu'un homme ne peut être étudié qu'à l'aide de tout ce qui l'a précédé et de tout ce qui l'entoure. Parmi ces œuvres innombrables, où l'on a voulu, bien à tort, chercher comme une collection d'Iliades, il n'en est aucune dont le mérite littéraire soit assez incontestable, où les pensées soient assez grandes et la forme assez belle, pour qu'elle puisse par elle-même, et abstraction faite du cycle auquel elle se rapporte, éveiller notre intérêt et exciter notre admiration. Les rédacteurs de ces longues fables sont des conteurs qui ont été quelquefois poëtes; tout ce qu'on peut dire, quand il s'agit des minnesinger, c'est qu'ils l'ont été souvent; Wolfram d'Eschenbach, lui-même, ne l'a pas été toujours. Mais lorsque comparant aux récits de leurs devanciers la manière dont ils ont conçu ces légendes, on voit ces mythes du moyen âge naître, grandir, devenir l'expression fidèle des mœurs de la société et se transformer comme elle; lorsqu'on les voit à des intervalles divers éclairer l'histoire d'une lumière nouvelle, car chacun de ces mythes, comme l'Ulysse du vieil Homère, a vu dans ses pérégrinations beaucoup d'hommes et de pays; alors on découvre dans ces fables mieux que les membres épars d'un poëte, on peut y suivre la marche des idées et les progrès de la civilisation. C'est ainsi que nous essayerons d'étudier l'œuvre où la légende du Saint Graal trouva sa plus parfaite expression, le *Parcival* de Wolfram d'Eschenbach.

Frédéric Schlegel proclamait Wolfram le plus grand poëte de l'Allemagne. On ne peut le placer ainsi au-dessus des plus illustres génies dont s'honore l'Allemagne moderne; mais, au jugement de la postérité comme de ses contemporains, il est le prince des minnesinger ; c'est assez dire que ses poëmes ne figurent point parmi les premiers essais de la littérature allemande. On a ingénieusement montré, à l'occasion de Dante, ce qu'il faut de temps pour préparer une œuvre de génie (1); la même loi s'applique même à ces œuvres secondaires, où, en l'absence du génie, se fait pourtant sentir une véritable inspiration. Elles sont aussi préparées, et il n'est pas indifférent de revenir sur ces commencements pour connaître Wolfram, ses maîtres dans sa patrie, et ses modèles à l'étranger.

C'est du siècle de Charlemagne que date la vie intellectuelle de la Germanie. Des écoles se forment dans ces abbayes fondées par les premiers missionnaires, pour répandre la religion chrétienne dans le pays et défricher ses âpres forêts. Les fils des barbares viennent y chercher les éléments des sciences en même temps que les enseignements de la foi et l'exemple salutaire du travail. Dans ces cloîtres célèbres de Saint-Gall, de Corwey, de Fulda, à Hildesheim, à Einsiedeln, à Reichenau se forme toute une génération d'apôtres et de maîtres zélés, dont les missions et les infatigables labeurs initièrent la Germanie aux bienfaits de la civilisation latine. Tant d'efforts reçurent bientôt leur récompense, puisque, dès ses premières années, le IXe siècle donne à l'Al-

---

(1) *Voy*. les belles recherches de M. Ozanam, et le travail de M. Charles Labitte, *la Divine Comédie avant Dante*.

lemagne son premier grand homme, Raban Maur. Disciple d'Alcuin, ordonné prêtre l'année même de la mort de Charlemagne, il vint ouvrir école dans ce monastère de Fulda, qui devait conserver si longtemps les savantes traditions des temps carlovingiens; après avoir été abbé de Fulda, il fut, en 827, nommé évêque de Mayence, sa ville natale. Il y occupa dignement le siége de saint Boniface, intervenant dans les querelles de Louis le Débonnaire et de ses fils pour les réconcilier, nourrissant les pauvres, évangélisant son diocèse, et trouvant au milieu de tant de soins des instants à consacrer à l'étude et même à la poésie, car on lui attribue le *Veni Creator* (1). La dissolution de l'empire carlovingien ne put interrompre cette œuvre si bien commencée. D'ailleurs la Germanie en fut moins ébranlée que les autres contrées de l'Occident. Tandis que dans la Gaule et l'Italie se constituaient péniblement des peuples nouveaux, selon que le mélange de la race conquérante et de la race vaincue s'y était diversement opéré, le partage de 888 ne fit que séparer la Germanie des populations néo-latines; mais cette séparation fut sans danger pour l'avenir des lettres; car la mission civilisatrice de Charlemagne est continuée par l'Église, qui, au milieu des orages de ce temps, ne ferme point ses écoles et n'interrompt pas ses missions. La royauté conserve aussi son caractère ecclésiastique. Arnoul est le protecteur des

---

(1) Cf. Kunstmann, *Hrabanus Maurus, eine historische Monographie.*

évêques; c'est sous leur tutelle que règne Louis l'Enfant; Conrad de Franconie et la dynastie saxonne sont fidèles à la même politique, et la tradition de Charlemagne semble n'avoir pas été interrompue, lorsque, après avoir pacifié l'Italie, Othon le Grand reçoit, en 962, la couronne impériale.

La Germanie a donc subi cette loi commune à toutes les nations de l'Occident : la première période de sa littérature est tout ecclésiastique et latine. Il ne faut pas croire cependant que l'Eglise ait dédaigné l'idiome vulgaire dans lequel elle prêchait la vérité au peuple. On sait que Charlemagne se plaisait à entendre les vieux chants nationaux des Francs, et avait donné ordre de les recueillir; dans ces monastères qu'il fonda sur la route de ses armées victorieuses ou qu'il enrichit de ses dons, les moines voulurent aussi cultiver la langue tudesque, et y faire passer quelque chose de la douceur et de la beauté du latin. Nottker, moine de Saint-Gall, donne en langue vulgaire une paraphrase des Psaumes. Ottfried, moine de Weissemburg en Alsace, écrit en 888 son poëme de l'Harmonie des Évangiles, l'un des monuments les plus considérables de la vieille langue franque. Le dialecte saxon a aussi son harmonie des Évangiles, intitulée : *Héliand*, ou le Sauveur. Préoccupé de l'enseignement religieux, le clergé ne négligeait pas cependant de faire connaître et aimer les anciens. Qui ne sait qu'on lisait Térence dans le cloître des religieuses de Gandersheim, et que ce fut à l'imitation de Térence que l'abbesse de ce monastère, la pieuse et savante Hroswitha, écrivit ses comédies, voulant préserver ses sœurs du spectacle un peu trop licencieux des mœurs antiques, mais voulant au moins leur conserver dans ses œuvres un écho de la belle langue de son poëte favori ? S'il en est ainsi dans les couvents de femmes, à bien plus forte raison étudie-t-on les anciens dans les écoles. On fait plus : on les imite, et un moine de Saint-Gall, Eckard, écrit en vers latins un poëme épique sur l'expédition d'Attila et les hauts faits de Walther d'Aquitaine (1). Si l'on pénétrait plus avant dans l'histoire littéraire du ixe et du xe siècle en Allemagne, on trouverait peut-être qu'ils furent, sinon les plus féconds, du moins les plus actifs. On regrette aujourd'hui en Allemagne que le christianisme et l'esprit latin soient venus corrompre la mâle vigueur des vieux Germains, et les critiques d'outre-Rhin déplorent que cette poésie qui déborde dans la littérature scandinave, détournée de son cours par les mains des prêtres, soit venue se perdre misérablement dans une littérature monacale (2). Nous

---

(1) *De prima expeditione Attilæ et de rebus gestis Waltheri Aquitanorum principis.* — *Voy.* Gervinus, *Geschichte der poetischen National-Litteratur*, t. 1, p. 83.

(2) Cette opinion a été soutenue surtout dans le savant ouvrage de M. Gervinus : *Geschichte der poetischen National-Litteratur. Voy.* surtout le 2e chap. : *Wirkungen der Völkerwanderung auf den historischen Volksgesang* ; et le 5e chap., où l'auteur s'élève plus vivement encore contre l'influence ecclésiastique et latine. (T. 1, p. 97 et suiv.) — La thèse contraire a été soutenue par M. Ozanam dans son livre sur *la Civilisation chrétienne chez les Francs*. Il signale la même théorie, en la combattant, dans la préface des *Indische Alterthumskunde* de M. Lassen.

croyons au contraire qu'une laborieuse initiation était nécessaire à l'Allemagne, et l'Église, alors seule dépositaire de la science, était alors seule capable de lui servir de maître. Si l'on juge du génie de l'ancienne Germanie par les récits de l'Edda, on conçoit bien qu'une telle poésie puisse préparer l'épopée des *Nibelungen;* mais jamais elle ne pourra servir d'introduction aux chants des minnesinger ; car cette délicatesse de sentiment, dont on découvre chez eux les premières traces, et qui fait encore aujourd'hui le plus grand charme de la poésie allemande, ne procède à coup sûr ni de la sauvage rudesse des héros de l'Edda, ni des mythes effrayants de l'ancienne religion. Heureusement l'Allemagne du moyen âge fut mieux inspirée que les critiques attardés qui prétendent aujourd'hui lui tracer une autre voie ; elle accepta au xe siècle la discipline de l'Église ; elle consentit à pâlir sur les textes des anciens, et plus tard à étudier les troubadours et les trouvères. Après le travail vint l'inspiration ; après les érudits des cloîtres vinrent les minnesinger qui introduisirent dans leurs chants la douceur que le christianisme était venu apporter dans les mœurs. Les *Nibelungen* nous attestent que l'Allemagne ne perdit point pour cela tout souvenir de ses vieilles traditions ; mais son génie s'était formé, et la muse allemande avait acquis, au contact des idées chrétiennes et des races néo-latines, cette tendresse dont les minnesinger trouvèrent les premiers accents, et qui, longtemps voilée, mais toujours vivante, devait reparaître et éclater un jour dans les pages de Klopstock et de Schiller.

L'avénement de la maison de Franconie marque le déclin des écoles ecclésiastiques (1). Les luttes sanglantes des règnes d'Henri IV et d'Henri V, la corruption qui s'introduisit dans le clergé, interrompirent les études; et quand on parcourt les édits des empereurs impuissants à maintenir la paix publique, on s'aperçoit que le malheur des temps et les désordres de ce siècle agité laissaient peu de place aux travaux de l'esprit (2). Cependant le spectacle des guerres civiles inspire l'éloquente chronique de Lambert d'Aschaffenbourg, et la littérature nationale commence à prendre son essor. Willeram, moine d'Ebersberg, compose en allemand une paraphrase du *Cantique des cantiques*; toutes les traditions qui rattachaient d'une manière bizarre le saint-empire germanique à l'empire romain se résument dans la Chronique des empereurs (*Kaiserkronik*), et enfin, comme pour annoncer l'âge d'or de l'épopée allemande, paraît la légende de saint Annon, le plus important des monuments littéraires du xie siècle. Archevêque de Cologne sous le règne d'Henri III, saint Annon dirigea les affaires de l'em-

---

(1) Quelques écoles florissaient encore au temps de Conrad le Salique, surtout celle de Paderborn, fondée par l'évêque Meinwerk. Mais déjà la décadence a commencé. (*Voy.* Stenzell, *Geschichte Deutschlands unter den Fränkischen Kaisern*, c. 1.—*Vita Meinwerci episcopi*, ap. Leibn., *Scriptor. rer. brunsvic.*, t. I.)

(2) *Voy.* surtout l'édit d'Henri IV en 1085. *Henrici IV Constitutio pacis Dei*, ap. Pertz, *Leg.*, t. II, p. 85.

pire pendant la minorité de son fils, jusqu'au moment où le jeune Henri IV fut livré sans réserve à l'influence de l'ambitieux archevêque de Brême, Adalbert. Retiré alors dans son diocèse, et consacré tout entier à son ministère, Annon désarma par sa douceur ses anciens ennemis politiques, et mourut en odeur de sainteté. Mais l'auteur de la légende ne veut point seulement célébrer ses vertus et raconter ses miracles; pour lui la vie de saint Annon est le couronnement d'une histoire universelle qu'il esquisse à grands traits, remontant à l'origine troyenne des Francs et expliquant la succession des empires pour arriver à la fondation de l'évêché de Cologne et aux actions de son héros (1). Cette naïve et crédule légende prend ainsi un intérêt épique sans rien perdre de sa simplicité. La vérité historique n'y est guère moins maltraitée que dans la Chronique des empereurs; mais on y trouve un véritable accent poétique, et l'expression souvent vive, animée, concise, fait pressentir la langue plus riche et plus pure de l'âge des Hohenstaufen.

Un grand siècle littéraire semble donc s'annoncer lorsque les croisades et les progrès de la puissance impériale sous les premiers empereurs de la maison

---

(1) Ce résumé de l'histoire universelle avant saint Annon explique le titre de *Weltkronik* que porte quelquefois cette légende, et sous lequel M. Wackernagel en a publié la première partie. (*Altdeutsches Lesebuch*, p. 178.) Le titre le plus ordinaire est *Lobgesang des heiligen Anno*. Cette légende a été traduite par M. Eichhoff. (*Tableau de la littérature du Nord au moyen âge*, p. 202 et suiv.)

de Souabe, ouvrant l'Allemagne à l'influence des littératures française et provençale, vinrent donner à son génie une salutaire impulsion. Presque tous les grands siècles ont ainsi commencé par un rapprochement; car l'isolement est aussi funeste aux littératures qu'aux sociétés et aux individus. L'Orient, qui était alors le rendez-vous de tous les chrétiens, fut aussi le lieu où les génies des diverses nations se pénétrèrent pour se féconder. Éléonore de Guienne assistait à la seconde croisade où les guerriers de Conrad III furent les compagnons d'armes des soldats de Louis VII. Plus d'un Provençal, et sans doute plus d'un troubadour, avait suivi en Orient sa trop légère suzeraine, et il est permis de croire que ce rapprochement ne fut point sans conséquence pour l'avenir de la poésie allemande. Sans doute il ne faut point rapporter à une origine exclusivement étrangère l'inspiration du *Minnegesang*. Quelles différences ne pourrait-on point d'ailleurs signaler entre le sentiment grave, sérieux, profond qu'ont exprimé les minnesinger, et la verve ardente et lascive des gais chanteurs du Midi! Cette rêveuse Allemagne inclinait déjà au mysticisme : l'un de ses vieux poëtes a dit que le sentiment de l'amour, la *minne*, pénétrait le ciel et remplissait la terre; il n'est absent que de l'enfer; et le continuateur du *Titurel* prend le mot *minne* dans le sens de la plus haute des vertus chrétiennes, la charité. Il n'y a rien de semblable chez les troubadours. Nous y trouvons les emportements de la passion, mais d'une passion toute profane. Cependant, malgré ces réserves, on peut admettre que la connaissance des poésies provençales exerça quelque influence sur la direction de l'esprit allemand au xiie siècle, influence qui devient incontestable lorsque l'école des minnesinger finit, comme toutes les écoles de littérature amoureuse, par la subtilité et le raffinement. Mais les influences étrangères allaient pénétrer plus fortement encore la littérature allemande, grâce au génie des Hohenstaufen.

Lorsqu'on visite au Rœmer de Francfort cette curieuse salle toute peuplée des images des anciens empereurs, si déjà l'on a commencé à connaître et à aimer la vieille Allemagne, on s'arrête avec intérêt devant trois portraits qui se suivent, où trois figures singulièrement remarquables attirent et fixent les regards. La physionomie calme et franche de Frédéric Barberousse, son attitude martiale, la simplicité et presque la pauvreté de son costume militaire, révèlent le loyal et énergique adversaire du saint-siége, qui défendit sincèrement les droits de l'Empire, et mourut en allant combattre pour l'Église. La cruauté et l'ardente ambition de Henri VI se peignent sur sa figure maigre et austère. Après lui, au lieu d'un empereur on croit voir un poëte : Frédéric II est représenté dans tout l'éclat de la jeunesse, ses cheveux blonds retombent sur ses épaules; un long vêtement aux plis flottants a remplacé le manteau royal, et son visage a une expression véritablement inspirée.

Mais Frédéric II n'a pas seul droit à cette poétique auréole. Cette forte race des Hohenstaufen, grande et énergique jusque dans ses crimes, fut aussi la race royale la plus poétique du moyen âge, et inaugura, pour ainsi dire, trois littératures. Frédéric Barberousse étendit la suprématie impériale sur le royaume d'Arles et de Bourgogne. Parmi ses vassaux se trouvaient les comtes de Provence et de Barcelonne, dont la cour, alors la plus littéraire de l'Europe, accordait aux troubadours une généreuse et constante hospitalité. Il faut bien admettre que la poésie provençale chemina à travers l'Allemagne avec les barons qui portaient aux pieds de l'empereur l'hommage de leur comte: car Frédéric la connut et l'aima; il la cultiva même lorsqu'en 1162, après la destruction de Milan, il rencontra à Turin la cour brillante de Raymond Bérenger. Le comte de Provence était entouré de poëtes de toutes les nations ; l'empereur voulut devenir leur émule, et les complimenta en vers provençaux. Il y avait trois siècles qu'un autre souverain de la Germanie, s'avançant à Strasbourg au-devant d'une population néo-latine, avait prononcé dans sa langue un serment devenu célèbre, et qui fut comme l'acte de séparation des deux races ; les vers de Frédéric Barberousse semblent être, au contraire, l'acte de leur réunion. Dès lors le haut allemand, l'idiome de la Souabe, devient la langue littéraire de l'Allemagne, et entreprend de lutter avec le provençal de souplesse et d'harmonie. Chevaliers, prêtres et bourgeois s'adonnent à la poésie, jaloux de mériter l'approbation de l'empereur. Lui-même ne veut point que sa cour brille d'un moindre éclat que celle de son vassal ; il s'entoure de poëtes et encourage leurs essais ; simple dans ses mœurs et son costume, il veut que tout resplendisse autour de lui, et quand il vient en 1184 tenir la diète de Mayence, la magnificence qu'il déploie frappe pour longtemps les imaginations et des Allemands et des étrangers. Le Français Guyot de Provins déclare n'avoir jamais rien vu de pareil, et le minnesinger Heinrich de Weldecke, décrivant dans son *Énéide* les noces d'Énée et de Lavinie, ne peut en donner à ses contemporains une idée plus belle qu'en les comparant à cette fameuse diète de Mayence : « Car, dit-il, cent ans passeront, et l'on n'aura pas cessé d'en parler et d'en écrire encore. »

Henri VI imite l'exemple de son père ; ni ses projets de domination universelle, sitôt interrompus par la mort, ni ses tentatives pour rendre l'Empire héréditaire ne l'empêchèrent de sacrifier aux muses allemandes, et il figure parmi les minnesinger en tête du manuscrit de Manesse de Zurich (1). Sici-

---

(1) Nous suivons ici l'opinion le plus généralement adoptée. Quelques critiques ont attribué cependant ces poésies à Henri, fils de Frédéric II ; à Henri Raspon, le roi des prêtres, fils du landgrave de Thuringe Hermann, et enfin à l'empereur Henri VII de Luxembourg. Le titre d'empereur (*keiser Heinrich*), que le manuscrit de Manesse donne formellement à l'auteur, semble exclure les deux premières suppositions. La tradition et la présence de l'aigle noir de la maison de Souabe dans la vignette du manuscrit semblent aussi désigner Henri VI.

lien d'origine et de naissance, Frédéric II entoura surtout de sa protection le berceau de la littérature italienne, et la poésie vulgaire en retint longtemps le nom de sicilienne. Mais sa cour fut l'asile des savants et des poëtes de tout pays, et son influence se fit sentir jusqu'en Allemagne. Lui-même faisait des vers ainsi que son chancelier Pierre Des Vignes; son fils naturel Enzio charma par la poésie les longues années de sa captivité ; son autre bâtard Manfred et l'infortuné Conradin, derniers rejetons de cette race destinée à périr sous le glaive de la maison d'Anjou, étaient aussi poëtes. Tous les dons de l'intelligence semblaient s'être concentrés dans cette famille qui, au génie politique, à la valeur guerrière, unissait ainsi les grâces de l'esprit et la beauté du corps. Aussi conçoit-on le prestige qu'elle exerça sur les imaginations malgré ses fautes et ses crimes, malgré les anathèmes du saint-siége et la haine violente de ses ennemis. Barberousse vit encore suivant les légendes de l'Allemagne, et trente ans après la mort de Frédéric II, un imposteur pouvait encore à la faveur de son nom soulever presque toutes les villes de l'Alsace (1).

En même temps les croisades, en rapprochant et confondant tous les peuples, rapprochent toutes les traditions. L'unité se fait dans la littérature des nations chrétiennes ; les exploits de la chevalerie dé-

---

(1) Chronique de Gottfried d'Ensmingen ad ann. 1283. V. *Hist. litt. de la France,* t. xxi, p. 93.

veloppent et répandent dans toute l'Europe le goût des chansons de gestes, et la France, qui joue le premier rôle dans ces périlleuses expéditions, a aussi la gloire d'imposer à toutes les nations ses fictions et ses légendes. Car les croisades, qui donnent l'essor à la littérature chevaleresque, ne lui fournissent pas le sujet ordinaire de ses chants. Les passions du moment peuvent inspirer la poésie lyrique, mais la poésie légendaire vit nécessairement des souvenirs d'un autre âge. On sent les maux et les imperfections de son temps, et l'imagination se refuse à y placer l'idéal de la valeur ou de la courtoisie. Au contraire la légende, au nom du passé, donne en toute sûreté des enseignements dont on ne peut aller contrôler l'impuissance dans un siècle qui n'est plus. C'est le privilége du passé de prêcher la vertu, et cette faculté d'être indéfiniment embelli fait en quelque sorte son éternelle jeunesse (1). L'âge d'or de la chevalerie légendaire précède donc de beaucoup le siècle de la chevalerie véritable ; mais cet âge fictif a son histoire, fixée au moins

---

(1) Ces regrets du temps passé, si familiers aux trouvères, prenaient quelquefois le ton d'une vive satire, comme dans ces vers de Chrétien de Troyes :

    S'en ont amors moult abessié.
    Car cil qui saouloient amer
    Se fesoient cortois clamer,
    Et preu et sage et honorable ;
    Or ont amors torné à fable,
    Por ce que cil qui riens n'en sentent
    Disent qu'il aiment, mes il mentent.
    Et cil fable et mensonge en font

dans ses plus grands traits. Les héros s'y groupent par familles, et les annales de chacune de ces familles forment ce qu'on appelle un cycle légendaire. Différentes contrées ont donné le jour à ces héros, mais tous ont traversé la France : c'est là que chacun d'eux a pris la physionomie qui lui est propre et qu'il gardera jusqu'à la fin du moyen âge ; c'est de là qu'ils ont passé dans les diverses littératures, dans les poésies des minnesinger et dans les œuvres de Wolfram d'Eschenbach.

Le trouvère Jean Bodel, au commencement de sa chanson des Saisnes (Saxons), a résumé en deux vers tous les cycles du moyen âge (1) :

> Ne sont que trois materes a nul home entendant,
> De France, de Bretaigne, et de Rome la grant.

La matière de France, c'est l'histoire des compagnons de Charlemagne. Le nom du grand empereur d'Occident fait l'unité de ce cycle, où il joue cependant le plus petit rôle, effacé par les exploits de Roland ou de Guillaume, le Marquis au Court Nez, ou même humilié par ses vassaux révoltés qu'il ne peut vaincre, comme dans Ogier le Danois et les

> Qui s'en vantent et droit n'y ont.
> *Mes pour parler de cells qui furent*
> *Lessons ceux qui en vie durent,*
> *Qu'encor vaut miex, ce m'est avis,*
> *Uns cortois morz quns vilains vis.*
> (Chrétien de Troyes. *Ivain, le chevalier au lion.*)

(1) Nous ne parlons ici que des cycles héroïques. Il y a un quatrième cycle, tout mystique, et qui a été la matière poétique de la *Divine Comédie*.

quatre fils Aymon. La féodalité naissante, vaincue dans l'histoire, a pris sa revanche dans la légende. Le cycle de *Bretaigne* comprend toutes les aventures fabuleuses d'Arthur et des preux de la Table-Ronde, tous les récits relatifs au Saint Graal, à ce vase merveilleux où avait coulé le sang du Christ. Enfin, ce nom de *Rome la Grant* désigne collectivement les légendes empruntées à l'antiquité; car jamais les guerriers d'Ilion, jamais Alexandre ou César ne furent plus populaires que dans ce moyen âge, pour lequel on nous propose aujourd'hui d'oublier l'antiquité. Seulement, l'imagination de ces peuples enfants préférait, à la simplicité des récits de l'histoire, les narrations apocryphes, où le merveilleux tenait la place de la vérité. Les héros de la Grèce et de Rome se transforment en paladins; ils sont les ancêtres des preux chevaliers et ont les mœurs de leurs descendants. Les anciennes épopées n'échappent pas à cette métamorphose. On racontait la guerre de Troie, non point d'après Homère, mais d'après les narrations qu'en avaient faites Dictys de Crète, soldat de l'armée des Grecs, et Darès le Phrygien, habitant d'Ilion. On avait ainsi, pour la plus grande commodité du moyen âge, rédigé dans les deux camps le journal du siége. Cornelius Nepos, allant à Athènes terminer ses études, y trouve l'ouvrage de Darès le Phrygien, le traduit du grec en latin; et c'est sur cette traduction que Benoît de Sainte-More, auteur d'une chronique rimée des ducs de Normandie, écrit « son ystoire de la guerre de Troye. » Ces légendes étaient si bien acceptées dans cet âge sans critique, qu'un savant dominicain du xiii⁰ siècle, Joffroi de Waterford, donna sans scrupule une traduction française de l'ouvrage de Darès le Phrygien, y joignant la lettre d'envoi écrite en cette grave occasion par Cornelius Nepos à son oncle Salluste (1). Ainsi se constitue une antiquité conventionnelle et légendaire, qui, après avoir défrayé l'imagination des conteurs français et allemands, survit à leur déclin, survit même au moyen âge, arrive « en habits de marquis, en robes de comtesses » jusque dans les temps modernes, et prend place dans le Songe d'une Nuit d'Été de Shakspeare, où les corporations d'Athènes, pour fêter le mariage de leur duc Thésée avec la reine des amazones Hippolyte, représentent devant les augustes époux la tragique aventure de Pyrame et de Thisbé.

Telle est la matière poétique dont la France dota l'Allemagne; et si l'on considère le nombre et les dates rapprochées des poëmes, on peut juger qu'elle la reçut avec empressement. Formée ainsi à l'école des troubadours et des trouvères, mais plus sérieuse que ses maîtres, encouragée par les princes, excitée par le spectacle des plus grands événements, la littérature allemande devint en peu d'instants féconde. Le *Roncevaux* du prêtre Conrad, l'*Alexandre* de Lamprecht, l'*Énéide* d'Heinrich de Weldecke, la

(1) *Hist. litt. de la France*, t. xxi, p 226.

Guerre de Troie d'Herbart de Fritzlar, le *Tristan* d'Eilhart d'Habergen, qui se succèdent dans les dernières années du xiiᵉ siècle, attestent la popularité des cycles légendaires. Tous ces auteurs traduisent du français : « Maître Albéric de Besançon a composé ce poëme, dit Lamprecht au commencement de son *Alexandre;* il l'écrivit en langue welche, moi je l'ai traduit en tudesque pour l'instruction des nôtres. Qu'on ne m'accuse point : ce que dit le livre, je le dis aussi (1). » Et si Lamprecht eût dénaturé son modèle, il eût pu trouver des juges sévères dans la société féodale de son temps; car les grands seigneurs de l'Allemagne savaient alors presque tous le français et lisaient les trouvères :

Tout droit a celui temps que je ci vous devis
Avoit une coustume ens el Tyois païs,
Que tout li gran seignor, li conte et li marchis,
Avoient entour aus gent françoise tous-dis,
Pour apprendre françois leur filles et leur fils (2).

La connaissance de la langue d'oc n'était pas

(1) Elberich von Bisenzun
Der brahte uns diez liet zu;
Der het iz in walischen getichtit.
Ih han iz unz in dutischen berihtet.
Nieman ne schuldige mih,
Also daz buoch saget, so sagen ouch ih.

(2) *Berte aus grans piés*, éd. P. Paris, p. 10. Cette prédominance de la langue française est déjà attestée dans un petit poëme attribué au duc de Normandie, Henri Iᵉʳ :

Seiez debonere et cortois,
Et sachez bien parler françois,
Kar molt est langage alosé
Et molt de gentilhome amé.
 (*Dictié d'Urban. Voy.* l'abbé de la Rue, t. 1, p. 281.)

moins répandue. Ulrich de Zazichoven trouve à Vienne le Lancelot d'Arnaud Daniel entre les mains d'Hugues de Morville, gentilhomme laissé en otage par Richard Cœur-de-Lion. Il le lit, le traduit, et la captivité du roi Richard donne ainsi à l'Allemagne un poëme de plus (1).

Mais si les poëtes allemands s'étaient bornés à reproduire les récits légendaires de la France, ils auraient peu mérité leur nom de chantres d'amour, *minnesinger*. La poésie lyrique est l'expression la plus naturelle de l'amour; aussi se développe-t-elle en Allemagne dès le XIIe siècle, et on la cultive avec tant d'ardeur, qu'à la fin du XIIIe, cent quarante poëtes trouveront place dans cette précieuse collection qu'on désigne sous le nom de manuscrit de Manesse. Roger Manesse de Zurich vivait au commencement du XIVe siècle, au moment où les maîtres chanteurs, *meistersänger*, remplaçaient l'école des minnesinger, tombée en décadence. Dernier représentant de cette poésie, il entreprit de sauver de l'oubli les principaux chants qu'elle avait inspirés; il les recueillit dans un manuscrit que lui et son fils transcrivirent en entier, donnant ainsi à la patiente Allemagne l'exemple qu'elle a suivi depuis, d'aimer le passé et de n'épargner aucune peine pour en conserver les monuments (2). Quelques-uns des noms

---

(1) *Hist. litt. de la France*, t. XXII, p. 245.
(2) Ce manuscrit est à la Bibliothèque Impériale sous le n° 7266. Il est orné de vignettes qui représentent les poëtes eux-mêmes, leurs armes ou quelques circonstances de leur vie. Sur un feuillet ajouté en tête du ms. est un titre d'une

ainsi transmis à la postérité n'ont été illustrés que par la poésie lyrique ; mais ceux qui traduisirent les conteurs français voulurent aussi rivaliser avec les chantres d'amour, et devinrent leurs émules. Cette alliance des deux éléments épique et lyrique dans la littérature allemande du moyen âge est un fait de la plus haute importance. C'est en effet la cause de la supériorité des minnesinger sur les trouvères. Les conteurs français s'effacent le plus souvent derrière les sujets qu'ils traitent. C'était la légende qui par elle-même intéressait le moyen âge ; il ne se lassait pas de l'entendre raconter, et, dans ces prolixes narrations, il recherchait les principaux traits des figures si aimées des vieux héros sans beaucoup se préoccuper de la mise en scène ni des détails. Aussi, le peu de soin donné à la forme explique bien la prodigieuse fécondité des trouvères (1). La poésie allemande est formée à une tout autre école ; l'élément lyrique y domine, et l'ode doit sortir tout entière de l'âme du poëte : c'est un sentiment profond et personnel qui lui donne la vie, c'est la vigueur de la forme qui en fait la beauté. Aussi,

écriture très-récente, qui résume assez bien les sujets variés qui ont inspiré les minnesinger, si ce n'est qu'il n'accorde pas aux chants d'amour une place assez importante. « *Cantilenæ veteres, Germanica lingua, quarum aliæ laudes Imperatorum, Regum et aliorum illustrium virorum enarrant, aliæ amatoriæ et jocosæ de mulieribus, vino, variisque rebus tractant, aliæ demum parœneticæ morum doctrinam inculcant.* »

(1) « Dans l'œuvre des trouvères, il n'y a de poésie qu'un certain mètre, une versification fort grossière, point d'harmonie, peu d'images..... La finesse naïve du récit tient la place du talent poétique. »

(M. Villemain, *Littérature au moyen âge*, leçon 1.)

tandis que nos vieux romans ont, si je puis ainsi parler, un caractère impersonnel, en Allemagne, au contraire, le poëte se montre dans toutes ses œuvres; habitué à parler en son propre nom, il veut être, non pas le simple narrateur, mais l'interprète de la légende, et il l'élève à la hauteur des sentiments qui agitent son âme. Enfin, si l'on considère le *Minnegesang* dans sa plus belle période, on y trouve plus qu'une inspiration, on y découvre une doctrine. Nous avons déjà indiqué la différence qui sépare les minnesinger de leurs modèles provençaux. Chez eux, le sentiment de l'amour n'a rien de léger ni de profane. La *minne* devient une doctrine morale destinée à relever l'homme et à l'améliorer. « Le nom de Femme, s'écrie Reinmar le jeune, est un nom pur et saint, aussi doux à proférer qu'à entendre; il est le bienvenu à mes oreilles. Je te salue, ô nom vénéré, qui ramènes au bien celui qui s'égare; nul homme ne pourrait épuiser tes louanges; celui que tu inspires est heureux, et pour lui la vie n'a rien d'amer. C'est toi qui donnes du courage au monde, quand me donneras-tu un peu de joie (1)? » Cette strophe de Reinmar est comme l'abrégé du *Parcival* de Wolfram d'Eschenbach. Ainsi, un même sentiment vivifie l'ode et la légende; ainsi ces poëmes, empruntés à une littérature étrangère, revêtent un caractère d'originalité, et peuvent être, en

---

(1) J'emprunte cette citation à M. Ozanam. *Notes inédites du cours de littérature allemande professée en* 1841.

ce sens du moins, considérés par l'Allemagne comme des œuvres vraiment nationales.

Mais si le génie allemand a laissé son empreinte sur ces imitations étrangères, il semble aussi qu'il ait voulu jeter un défi aux cycles légendaires de l'Europe néo-latine, en leur opposant l'épopée germanique des *Nibelungen*. C'est en effet au plus beau siècle de la poésie des minnesinger qu'il faut aussi placer la date de cette œuvre, à la fois si étrange et si belle, où les vieilles traditions du paganisme et des invasions revivent confondues avec les mœurs chevaleresques. L'auteur en est inconnu, et la vie du chantre de Siegfried, l'Achille germain, est encore plus obscure et plus inconnue que celle d'Homère. On peut cependant avec quelque raison attribuer ce poëme à Heinrich d'Ofterdingen, dont l'immense renommée au moyen âge est pour nous une sorte de problème; et lorsqu'on trouve ainsi un grand nom de poëte sans œuvres, et un chef-d'œuvre sans nom de poëte, il paraît naturel d'attacher à ce qui est digne de notre admiration le nom d'un homme universellement admiré (1). S'il en était ainsi, la place des *Nibelungen* dans la littérature allemande du XIII° siècle serait admirablement figurée par la guerre de la Wartbourg. Au commencement de la lutte, Heinrich d'Ofterdingen apparaît luttant seul contre Walther von der Vogelweide,

(1) Cette opinion a été développée par M. Ozanam dans une savante leçon sur les *Nibelungen*. Elle a été soutenue par un grand nombre de critiques en Allemagne, entre autres par Schlegel.

Schreiber, Biterolf, Reinmar de Zweter et Wolfram d'Eschenbach. La poésie amoureuse et légendaire semble ainsi avoir réuni toutes ses forces, tous ses champions les plus illustres contre cet unique représentant des souvenirs antiques des Germains. Ofterdingen succombe, mais après une noble défense ; et peut-être triompherait-il de ses adversaires, sans la présence de Wolfram d'Eschenbach. Ainsi, l'épopée des *Nibelungen*, évidemment supérieure à la plupart des œuvres poétiques du moyen âge allemand, voit le *Parcival* seul balancer sa renommée ; et, presque seule originale au milieu de cette littérature d'imitation, paraît défendre une cause nationale, et rappeler au culte des vieux héros ces imaginations séduites par le prestige des chants et des légendes du Midi. Mais un guerrier ne lutte pas contre un ennemi supérieur en nombre sans recevoir quelque blessure ; aussi, la chevalerie chrétienne a, dans les *Nibelungen*, pénétré de part en part ce vieux monde des forêts germaniques et des invasions. C'est par deux ménestrels que Crimhilde envoie à Worms l'invitation fatale qui doit attirer les Nibelungen à la cour d'Attila. Le margrave Rudiger n'est ni un héros scandinave, ni un germain du ve siècle ; c'est un preux du temps des croisades. Chez les barbares, la passion du sang versé étouffait la voix de la nature ; sur le champ de bataille de Châlons, Hildebrand et Hadebrand, le père et le fils, s'acharnent l'un contre l'autre dans un duel à mort. Dans les *Nibelungen* aussi, le bras de Rudiger moissonne ces Burgundes dont il est l'ami et l'allié; mais le généreux margrave est la victime de sa fidélité au devoir chevaleresque. Il a juré de servir Crimhilde; il mourra donc pour cette reine cruelle qui ne veut pas le délier de son serment. On ne peut lire sans émotion ce beau passage : au moment de commencer contre les Nibelungen la lutte suprême où il doit périr, Rudiger fait à Hagen présent de son bouclier, lui souhaitant de l'emporter vainqueur au pays de Bourgogne (1). Une telle inspiration touche au sublime; les preux de la Table-Ronde sont dépassés; nous sommes même plus haut que ces guerriers d'Homère, qui échangeaient leurs armes, et puis se séparaient pour chercher d'autres adversaires; la poésie chevaleresque nous a bien montré un héros combattant par devoir ceux que son cœur lui criait d'épargner; mais ce n'est pas au moyen âge; ce n'est pas dans ce Romancero où le Cid n'est pas encore l'amant de Chimène : elle a attendu, pour peindre dignement une aussi grande situation, le XVIIe siècle et le génie de Corneille.

A l'auteur des *Nibelungen* s'oppose la pléiade poétique qui se groupe autour de Wolfram dans la guerre de la Wartbourg; chanteurs passionnés parmi lesquels Walther von der Vogelweide occupe le premier rang. C'est, en effet, le plus illustre des lyriques de la vieille Allemagne, le plus intéressant par ses allusions aux événements contemporains,

---

(1) *Voy.* la note I à la fin du volume.

soldat et voyageur infatigable qui avait vu Paris, Constantinople et Bagdad. A côté de Wolfram il faut encore citer deux noms, Hartmann von der Aue et Gottfried de Strasbourg. Le premier traduisit du français le *Chevalier au lion;* mais c'est dans ses *Lieder* et dans sa gracieuse légende du *pauvre Henri* que se révèle toute la délicatesse de ce tendre génie (1). Gottfried semble d'abord s'opposer à Wolfram ; il néglige l'élément mystique du cycle de la Table-Ronde pour chanter les aventures de Tristan ; mais la tradition nous le montre plus tard vers 1230 moine dans un couvent de Strasbourg, composant des odes pieuses et un cantique à la louange de Jésus et de Marie (2). Mais dans l'esprit des contemporains, ces deux renommées s'effacent devant la gloire de Wolfram d'Eschenbach.

Il est remarquable que, dans les âges encore peu civilisés, la figure des poëtes ne nous apparaisse souvent qu'à travers un nuage. On sait peu de chose sur Wolfram ; l'année de sa naissance est inconnue ; dans les premières années du XIIIe siècle, on le trouve à la cour de son protecteur le landgrave Hermann de Thuringe, homme fait, chevalier accompli, poëte déjà aimé de l'Allemagne ; mais on n'a pu soulever

(1) *Der arme Heinrich.* M. Wackernagel en a donné le texte, *Altdeutsches Lesebuch*, p. 322.

(2) C'est du moins l'opinion généralement suivie que les poésies pieuses de Gottfried sont de la fin de sa vie, époque où il se rapproche de la gravité de Wolfram d'Eschenbach. M. Eichhoff a traduit une de ses odes sur l'amour divin. (*Litt. du Nord*, p. 292.) Le texte du *Lobgesang auf Christus und Maria* est dans M. Wackernagel, *Altdeutsches Lesebuch*, p. 432.

le voile qui dérobe l'histoire de sa jeunesse. Sa patrie fut même vivement contestée. Lorsqu'au XVIIIe siècle, Bodmer et Breitinger de Zurich, las de la tyrannie que faisaient peser sur la littérature allemande Gottsched et l'école pédantesque de Leipzig, entreprirent de ressusciter les vieux auteurs du moyen âge, Wolfram fut l'un des premiers qu'ils tirèrent d'un injuste oubli. Mais ils voulurent revendiquer pour la Suisse l'honneur de l'avoir produit. A l'extrémité du lac de Zurich est situé un village d'Eschenbach, qui donna son nom à une maison tristement célèbre, puisqu'elle fut en 1398 complice de l'assassinat de l'empereur Albert par Jean le parricide. On rattacha Wolfram à cette famille (1). Mais lui-même avait par avance réfuté cette opinion ; car il se donne le titre de Bavarois (2). Ses armes, que nous a conservées le manuscrit de Manesse (3), sont

---

(1) Bodmer, *Litterarische Denkmäler*.
(2) Ein pris den *wir Beier* tragn
    muoz ich von Waleisen sagn.   (*Parcival*, 121, 7.)
Nous citons toujours d'après l'édition de M. Lachmann ; le poëme y est divisé en séries égales de trente vers. Le premier numéro renvoie à la série ; le second indique le vers.

(3) Ms. de Manesse, fol. 149, verso. — Wolfram y est désigné sous le nom de *her Wolfram von Eschilbach*. M. San Marte (M. Schulz) a donné un fac simile de ses armes dans son livre intitulé *Leben und Dichten Wolfram's von Eschenbach*. — Pour les détails biographiques sur Wolfram, cf. San Marte, *op. jam cit.*, et l'introduction placée en tête de la traduction du *Parcival*; Simrock, notes à la fin du 1er volume de sa traduction du *Parcival* et du *Titurel;* et la *Vie de Wolfram* dans le 4e volume de la collection de M. de Hagen, p. 193 et suiv. — M. Lachmann a donné dans la préface de son édition une notice des manuscrits de Wolfram. De tous ceux qu'il cite nous n'avons pu feuilleter que celui de la bibliothèque de Heidelberg, et les quelques pages consacrées à Wolfram dans le ms. de Manesse.

d'ailleurs différentes de celles qu'un vieux livre d'armoiries attribue, suivant M. de Hagen, aux Eschenbach de Suisse. Comme il était de race noble, il paraît être issu des seigneurs d'Eschenbach, près d'Ansbach, en Bavière, et un auteur du xve siècle, Püttrich de Reicherzhausen, vit encore dans l'église du bourg d'Eschenbach les armes de notre poëte gravées sur son tombeau. Lui-même nous donne çà et là dans ses œuvres le peu de détails que nous avons sur sa vie. Nous y apprenons qu'il aimait les armes, qu'il était plus fier du nom de chevalier que de celui de poëte : « Mon métier, dit-il, est de porter le bouclier, et je fais peu de cas de qui ne m'aime que pour mes chants (1). « Un passage du *Parcival* fait aussi supposer qu'il était cadet de famille ; car, en retraçant l'histoire de Gamuret, il déplore le sort de ces jeunes princes qui perdent à la mort de leur père les châteaux et les domaines où se passa leur enfance, et que la loi féodale attribue impitoyablement à l'aîné. On sent dans ses vers toute l'amertume d'un souvenir personnel (2). Souvent il fait naïvement allusion à sa pauvreté. « C'est vraiment un miracle, s'écrie-t-il en décrivant l'armure d'un prince maure, qu'un homme aussi pauvre que moi puisse parler de

---

(1) Schildes ambet ist mîn art...
Swelhiu mich minnet umbe sank,
So dunket mich ir vitze krank. (*Parcival*, 115, 11.)

(2) Daz der altest bruoder solde hân
Sins vater ganzen erbeteil.
Daz was der jungern unheil. (5, 4.)

toutes ces richesses (1). » Et ce n'est pas sans regret qu'il pense à un superbe bouclier, « qui valait mainte livre d'argent (2). » Tel était le sort d'un grand nombre des minnesinger. Walther von der Vogelweide regrettait aussi de ne se jamais chauffer à un foyer qui fût le sien; il demande un fief à l'empereur, afin de ne plus frapper le soir à une porte étrangère, après avoir péniblement chevauché tout le jour. Wolfram semble plus fier; il ne cache pas sa pauvreté; mais on ne retrouve dans ses œuvres aucune supplique. S'il a plaint son propre malheur sous le nom de Gamuret, on peut croire aussi que, semblable à son héros, il n'accepta de la libéralité de son frère que ce qui lui était nécessaire pour soutenir au dehors la dignité de son rang, et partit résolûment pour trouver la fortune que lui promettait son courage. Sa valeur à la guerre et son talent de poëte lui concilièrent l'affection du landgrave de Thuringe Hermann ; il reçut dans sa cour à Eisenach une honorable hospitalité; on ignore s'il y passa la fin de ses jours. S'il est vrai qu'il fut enterré à Eschenbach, dans le domaine de ses pères, on pourrait conjecturer qu'il mourut en Bavière, dans son pays natal.

Les princes peuvent protéger les poëtes, mais ils ne les créent pas. Si l'inspiration anima Wolfram,

(1) Ez ist wunder, ob ich armer man
 Die rîcheit in gesagen kan,
 Die der heiden für zimierde truoc. (735, 9.)
(2) Wand ez was maneger marke wert. (71, 6.)

ce n'est pas au landgrave Hermann que l'Allemagne en est redevable, c'est à Heinrich de Weldecke, que Wolfram appelle son maître dans un passage du *Willehalm* (1), et dont il déplore la perte dans le *Parcival*. Il veut louer une belle princesse, Antigonie : « Hélas ! s'écrie-t-il, pourquoi nous a-t-il été enlevé si tôt, le sage poëte de Weldecke ? il eût trouvé pour elle de plus dignes éloges (2). » Il a cité aussi Hartmann von der Aue, et il devait aimer, en effet, à se souvenir de cet homme dont le génie mystique avait avec le sien de si intimes rapports. Mais cette éducation littéraire est bien différente de ce que nous pouvons concevoir aujourd'hui. Les études en étaient complétement absentes. Il est possible qu'Heinrich de Weldecke fût grand clerc, comme on disait alors, qu'il ait su le latin et lu l'*Énéide ;* mais son élève ne développa ses facultés poétiques qu'en écoutant les vers de son maître ; car lui-même nous apprend qu'il ne savait pas lire (3). On a peine à comprendre maintenant comment un homme qui ne peut fixer ses pensées par le secours de l'écriture est capable de produire des œuvres d'aussi longue haleine : le *Parcival* seul a vingt-quatre mille vers ; et il semble que, dans ces âges à demi barbares, la

---

(1)   So muest ich *minen meister* dagen
        von Weldecke.
(2)   Owê, daz so vruo erstarp
        Von Weldecke der wise man !
        Der kunde se baz gelobet hân.   (404,28.)
(3)   Ine kan decheinen buochstap.   (115, 27.)

puissance de l'imagination et de la mémoire supplée au défaut de la science. Sans cela comment expliquer que Wolfram ait pu retenir, posséder, enfin composer lui-même et rendre souvent avec une mâle vigueur ces récits légendaires qui lui arrivaient de l'étranger, et qu'il se faisait lire sans doute en des langues qu'il entendait à peine? Je ne sais pas jusqu'à quel point le provençal lui était familier; mais lui-même nous confesse encore avec sa franchise ordinaire « qu'un grossier paysan de la Champagne parle mieux français que lui (1). » Et Wolfram ne devait pas être une exception parmi les minnesinger. Un de ses plus dignes rivaux, Hartmann von der Aue, a grand soin, au début de sa légende du *Pauvre Henri,* de nous avertir qu'il sait lire; ce qu'il n'eût pas fait sans doute si cette haute science eût été fort répandue parmi les poëtes de son temps : « Il était, dit-il, un chevalier si savant, qu'il lisait dans les livres tout ce qu'il y trouvait écrit. Ce chevalier a nom Hartmann d'Aue (2). » C'est l'orgueil d'un écolier de six ans naïvement exprimé par une

---

(1)   Ein ungevueger Schampenois
       Der kunde vil das Franzois
       Dann swie ich Franzois spreche.
              (Wolfram's *Willehalm*. Cf. von der Hagen, t. iv, p. 208.)
(2)   Ein ritter so geléret was,
       Daz er an den buochen las
       Swaz ez dar an geschriben vant :
       Der was Hartman genannt,
       Dienstman was er ze Ouwe.
              (Hartmann, *der arme Heinrich*, initio, apud
              Wackernagel, *Altdeutsches Lesebuch*, p. 321.)

littérature au berceau ; dans une société que la réflexion n'a pas encore mûrie, les hommes faits même les plus illustres ne peuvent complétement s'affranchir de l'esprit d'un siècle enfant. Tel est, en effet, le secret de cette poésie. « Les enfants, a dit La Bruyère, ont déjà de leur âme l'imagination et la mémoire, c'est-à-dire ce que les vieillards n'ont plus, et ils en tirent un merveilleux usage pour leurs petits jeux et pour tous leurs amusements. » Dans ces premiers essais de nos langues modernes, l'imagination et la mémoire font aussi tous les frais de l'invention poétique chez nos conteurs illettrés ; c'est de ces facultés qu'ils tirent un merveilleux usage pour charmer sans fin avec les mêmes légendes les longues veillées des manoirs. Mais si l'esprit est encore peu cultivé, si la science et quelquefois même la raison en paraissent absentes, le cœur est vivifié par le christianisme, la chevalerie, le culte des femmes (*Frauendienst*), et peut trouver ainsi quelques généreux accents. De là ces alternatives de bégaiement et d'éloquence que le contraste rend encore plus sensibles dans les belles œuvres que dans ces récits où la légende se déroule toute seule, et, pour ainsi dire, en l'absence du poëte. Sans doute, on ne peut rien citer de parfait dans une semblable période ; pourtant il faut reconnaître le mérite d'une littérature qui a pu, presqu'au sortir des langes, parler quelquefois un langage viril. Telle est la gloire de Wolfram ; nous voyons en lui maintenant non pas le plus grand poëte de l'Allemagne, mais l'un de ceux qui les premiers ont fait entendre les vrais accents de la muse allemande sur le vieux sol de la Germanie.

Quand l'histoire littéraire du moyen âge fut en quelque sorte exhumée en Allemagne au siècle dernier, l'immense renommée de Wolfram frappa vivement les imaginations, et une critique encore peu sûre lui attribua trop légèrement un grand nombre d'écrits (1). Les progrès de la science ont fait justice de ces erreurs, et aujourd'hui les noms de Parcival, de Titurel, de Willehalm, le souvenir de quelques odes peu nombreuses, mais pleines de force et de grâce, font seuls cortége au nom de Wolfram d'Eschenbach, pour établir ses titres de gloire devant la postérité. Son œuvre principale est le *Parcival*, composé, selon toute apparence, vers 1205. Parcival est à la fois roi du Saint Graal et vassal d'Arthur; le chef de la chevalerie qui garde le vase sacré où fut reçu le sang du Christ, et l'un des preux de la Table-Ronde; c'est donc l'un de ces héros que la France a donnés à l'Allemagne, un des enfants de la littérature légendaire de l'Europe néo-latine. Aussi Wolfram nous apprend-il qu'il a emprunté le cadre de cette histoire à un roman provençal. C'est le seul pëome qu'il ait terminé, le seul où, sous le voile

---

(1) *Voy*. dans M. de Hagen (t. IV, p. 223) la liste assez nombreuse des œuvres faussement attribuées à Wolfram. Je citerai seulement le *roman de Roncevaux*, reconnu maintenant pour être du prêtre Konrad, une *guerre de Troie*, le poëme de *Winsbecke et Winsbeckin*, et quelques chants du *Heldenbuch*.

d'une légende, il veuille exprimer une doctrine morale.

On a cru longtemps qu'il était aussi l'auteur du *Titurel;* il est avéré maintenant que Wolfram n'a composé que deux fragments qui entrèrent plus tard dans cet ouvrage célèbre ; et ces fragments renferment simplement l'histoire de deux personnages du *Parcival:* Sigune et Schionatulander. Mais la légende du Saint Graal jouissait alors d'une telle faveur qu'après la mort de Wolfram, un poëte inconnu entreprit de raconter encore l'histoire du Graal et de l'un de ses rois, Titurel ; comme dans cette reproduction nouvelle il fit entrer mot pour mot les deux fragments de notre auteur, et quelquefois même parle en son nom, on a pu facilement s'y tromper ; et on a conservé le titre de Titurel à ces deux épisodes, quoique l'erreur soit aujourd'hui reconnue. Car les auteurs d'un âge aussi primitif sont peu habiles dans leurs plagiats littéraires ; le continuateur se trahit en reprenant sa parole en son propre nom ; d'ailleurs il fait allusion à des événements du grand interrègne, et désigne un roi réfugié en Angleterre, qui paraît être Richard de Cornouailles (1). Son œuvre resta même inachevée et ne fut terminée que par un certain Albrecht, vers 1270.

Le second poëme que l'on doit en grande partie à Wolfram, le *Willehalm,* n'a plus rapport à la mys-

---

(1) Cf. von der Hagen, *op. cit.;* San Marte, *Introduction* à la traduction du *Parcival*.

térieuse légende du Graal; il se rattache au cycle carlovingien, et célèbre l'un de ses héros les plus populaires, Guillaume, le Marquis au Court Nez. Guillaume est un personnage historique : Charlemagne le fit gouverneur de la ville de Toulouse, où sa fidélité à la maison carlovingienne lui attira la haine des Aquitains. Il porta l'étendard royal dans une expédition que Louis le Débonnaire ordonna contre les Sarrasins; puis, dégoûté des honneurs, il se retira au monastère de Gellone, où il mourut en odeur de sainteté. Sa réputation grandit rapidement après sa mort, et déjà dans une légende que Mabillon croit être du ixe siècle on lit ces paroles étranges : « Quels royaumes, quelles provinces, quelles nations, quelles cités ne parlent point de la puissance du duc Guillaume (1)? » L'imagination des peuples en fit le soutien de l'empire de Charlemagne, le grand ennemi des Sarrasins, le libérateur du pape et de l'Italie; et sous les noms divers du Marquis au Court Nez, de Guillaume d'Orange, de saint Guillaume de Gellone, sa présence anime toute une branche du cycle carlovingien. Cette légende appartient surtout au midi de la France : Guillaume, jadis si détesté des Aquitains, est devenu le héros favori des Provençaux. Le landgrave Hermann ayant désiré que Wolfram traitât ce sujet, le poëte se mit

---

(1) Quæ enim regna et quæ provinciæ, quæ gentes, quæ urbes Willelmi ducis potentiam non loquuntur ? — Cf. la savante analyse du cycle de Guillaume au court nez, *Hist. litt. de la France*, t. xxii, p. 436 et suiv.

à l'œuvre sur la demande de son protecteur (1), mais il ne put achever. On a de lui le début du poëme, le grand épisode du siége d'Orange, et la bataille livrée par Guillaume aux Sarrasins dans la plaine d'Alischanz.

Sous ce nom bizarrement défiguré il faut reconnaître les Champs Élysées d'Arles, ces *Aliscamps*, couverts encore aujourd'hui de sépultures antiques. Cette nécropole était célèbre au moyen âge à cause de ses nombreux sarcophages magnifiquement sculptés, et mainte famille en tira un sépulcre où elle coucha ses ancêtres aux dépens des morts de l'antiquité. C'est en ce lieu, et pour ainsi dire sous les regards des ombres des vieux Romains, que la tradition plaçait l'un des plus beaux faits d'armes de Guillaume. La dernière partie, où le héros dit adieu à la chevalerie pour embrasser la vie monastique, fut traitée par Ulrich de Türheim, en 1247; un autre minnesinger, Ulrich von dem Türlin, se chargea, vers 1270, de compléter le récit, et ajouta les aventures guerrières du héros au début de sa carrière. Il fallut donc un demi-siècle pour terminer ce poëme; car on rapporte à 1217 les fragments composés par Wolfram. Après cette date on ne voit pas qu'il ait rien produit, et ce silence fait supposer que sa mort n'est pas éloignée de l'an 1220.

Wolfram avait-il préludé par quelque œuvre moins

---

(1) Lantgrâf von Dürngen Herman
Tet mir diz mär von im bekant. (*Willehalm*, 3, 8.)

importante à la composition de ce grand poëme du *Parcival*, que nous plaçons au commencement de sa vie littéraire? Cela est au moins probable. Le *Parcival* est le fruit d'un esprit mûr; ce n'est pas un premier essai. D'autre part l'histoire de Schionatulander, qui n'est que le développement d'un épisode du *Parcival*, se place naturellement après ce poëme; il faut donc admettre que nous avons perdu quelque œuvre de Wolfram; mais si rien ne nous a été conservé de ses premières tentatives, ce n'est pas une raison pour lui attribuer des récits légendaires qui n'ont aucun caractère d'authenticité. Il dut, comme la plupart des minnesinger, chanter les passions qui agitaient son âme: et nous avons de lui huit odes qui attestent une inspiration au moins égale à celle qui anime les chants de Reinmar ou de Walter von der Vogelweide. Il y célèbre les louanges d'une dame « belle à faire pâlir l'éclat de la déesse Vénus, » mais il déplore aussi ses rigueurs, « car elle oppose à son amour un cœur inflexible (1). » Il est impossible de fixer une date à ces compositions improvisées sous l'empire de la pas-

---

(1)   Venus diu gottinne
       Lebt si noch,
       Si müest bî ir verblichen sin.....
           Du treist sô vestez herze
           Uf mine vlust......   (Ode VIII.)

M. Eichhoff a traduit quatre strophes de cette ode, *Litt. au moyen âge*, p. 275. — Nous avons traduit l'ode VI, qui nous a paru la plus belle. (*Voy*. Note II.)

sion du moment. Peu importe qu'elles aient précédé ou suivi la rédaction de ses longs poëmes. Il suffit d'avoir déterminé la période où le génie de Wolfram brilla de tout son éclat. Ses contemporains ne s'y trompèrent pas; car c'est alors que, dans la guerre de la Wartbourg, ils le proclamèrent le premier des minnesinger, et une relation poétique de cette lutte célèbre perpétua le souvenir de ce triomphe.

Nous avons déjà nommé les combattants qui prirent part à ce tournoi non moins périlleux que les pas d'armes où les chevaliers risquaient leurs jours; car le vaincu devait être mis à mort. La légende a pu ajouter ce détail odieux; cependant il y a peut-être quelque réalité historique dans ces supplices qui menaçaient les vaincus des joutes littéraires. On retrouve des traditions semblables jusque dans l'antiquité : on se souvient encore à Lyon des concours poétiques célébrés dans un temple d'Auguste, devenu plus tard l'abbaye d'Ainay; le plus malheureux des concurrents était condamné à effacer ses écrits avec sa langue, ou à être précipité dans le Rhône.

Ce fut en 1206 que, dans leur capitale d'Eisenach, au pied de cette verte colline de la Wartbourg que l'histoire de l'Allemagne a entourée de légendes, le landgrave Hermann et sa femme Sophie mirent aux prises les plus parfaits chevaliers et les plus habiles chanteurs de leur cour. L'honneur de la lutte revint à Wolfram d'Eschenbach; son adversaire,

Heinrich d'Ofterdingen, allait être décapité, quand la protection de la landgravine lui sauva la vie. Klingsor de Hongrie lui succède, défie la subtilité de Wolfram en lui proposant d'obscures énigmes; mais notre poëte les résout avec bonheur, et le duel se termine par des éloges réciproques, sans désigner un vainqueur qui cependant est encore Wolfram.

Cette hésitation à prononcer à la fin du poëme un nom que l'œuvre entière glorifie a fait supposer que Wolfram en était à la fois le héros et l'auteur; et cette opinion a été adoptée par M. Eichhoff dans un ouvrage récemment publié (1). Pourtant ce n'était pas l'avis du moyen âge; car les fragments de la guerre de la Wartbourg qui ont trouvé place dans la collection de Manesse, sont mis sous le nom de Klingsor de Hongrie (2). Mais ce témoignage du manuscrit de Manesse est loin d'être une explication; car rien n'est plus mystérieux que tout ce qui concerne Klingsor. Nous retrouverons ce curieux et problématique personnage en analysant le *Parcival* où son nom joue un rôle. Il fut poëte, rival de Wolfram dans l'opinion des contemporains comme à Eisenach; car un minnesinger s'écrie: « Wolfram et Klingsor de Hongrie! les vers de ces

---

(1) *Tableau de la littérature du Nord au moyen âge*, p. 282.
(2) *Klingesor vô Ungerlant* Ms. de Manesse, fol. 220-226. — M. de Hagen a reproduit ces fragments avec le même titre, t. II. Les autres fragments, insérés au t. III sous le titre de *Krieg ze Wartberg*, ne portent pas de nom d'auteur.

deux maîtres sont tenus pour chefs-d'œuvre (1); » mais je n'oserais décider s'il est l'auteur de la guerre de la Wartbourg. D'autres raisons empêchent d'attribuer ce poëme à Wolfram : d'abord la science profonde que déploient les deux rivaux, si peu d'accord avec ce que Wolfram nous a naïvement appris de son ignorance; ensuite le caractère éminemment légendaire de cette relation. On sait, en effet, que Klingsor ne lutte pas seul : il a pour auxiliaire un démon familier, Nasion, qu'il envoie la nuit tenter son adversaire. Dans cette conférence entre l'homme et le démon, l'auteur, quel qu'il soit, a ressaisi et bien exprimé le caractère simple et décidé de notre poëte. Interrogé sur le cours des astres, il répond vivement : « Les secrets dont tu me parles sont trop hauts pour moi; ils me sont inconnus (2). » Mais tout n'est pas aussi fidèle au portrait que Wolfram nous a fait de lui-même. Il est savant, subtil, pédant même, comme un magicien du moyen âge. Je sais qu'il se rendait parfois justice : « Je suis Wolfram d'Eschenbach, dit-il non sans fierté, et mes chants ont quelque pouvoir (3); »

---

(1) Wolferam und Klinsor genant von Ungerlant,
diser zweier tihte ist meisterlich erkant.
(*Spruch Herman's des Damens*, ap. Wackernagel, *Altdeutsches Lesebuch*, p. 748.)

(2) Diu wunder, diu du hast genant,
diu sint so hoch, daz si mir gar sint unbekant.
(Str. 52. Cf. von der Hagen, t. II, p. 12.)

(3) Ich bin Wolfram von Eschenbach,
und kan ein teil mit sange. (*Parcival*, 114, 12.)

mais je ne puis croire que ce bon et loyal chevalier se soit ainsi glorifié durant tout un poëme. Qui ne voit donc dans la guerre de la Wartbourg une de ces relations assez voisines des événements pour que la figure des héros s'y reconnaisse encore ; assez éloignées déjà pour qu'on entoure leur tête de l'auréole poétique de la légende ? Ainsi commence cette chaîne de conceptions tour à tour gracieuses et terribles, qui s'attache au manoir de la Wartbourg et en consacre aujourd'hui les ruines. Quelques années plus tard, nous revoyons ce lieu tout embelli par les miracles de sainte Élisabeth ; enfin, trois siècles après, nous y entendons une nouvelle conférence du démon avec l'homme ; et il s'agit cette fois de l'abolition des messes privées et du changement de toute la religion chrétienne ; car les deux interlocuteurs sont Satan et Luther.

Mais un passage du texte permet de trancher la question. Lorsque Wolfram en se signant chasse le démon, Nasion disparaît laissant une lettre où il est parlé, entre autres choses, d'un conciliabule tenu à Mayence par des prêtres simoniaques. On veut enrichir l'Église par la vénalité des choses saintes : les grands y consentiront volontiers ; l'évêque ne dit pas non ; seulement rien n'est fait si l'on n'engage dans cette ligue les Frères Prêcheurs, rigides observateurs du devoir, si l'on ne prévient leur terrible opposition. On se rend à leur cloître ; ils entendent la proposition, et tous répondent d'une voix unanime : « Avant de souscrire à cette infamie, nous ruinerions tous nos couvents (1). » Cette mention des Frères Prêcheurs, qui a évidemment échappé à M. Eichhoff, lui eût montré que la guerre de la Wartbourg n'est pas de Wolfram ; car en supposant même qu'il ne soit mort qu'en 1225, on prouverait encore qu'il n'y avait pas alors de Frères Prêcheurs établis à Mayence. La province dominicaine de Teutonie apparaît, il est vrai, au deuxième chapitre général de l'Ordre, tenu à Bologne en 1221. Mais on voit en 1224 le second maître général, le bienheureux Jourdain de Saxe, envoyer des moines à Magdebourg, et, l'année suivante (1225), se tient dans cette ville le premier chapitre provincial des Dominicains allemands, où n'assistent que dix Frères, parce qu'il n'y avait alors que quatre couvents dans la province ; et parmi eux ne figure pas celui de Mayence (2). Et ce qui prouve qu'il n'a certai-

---

(1)   Höret waz der brief mere uns seit :
  Ein concilium wart ze Megenze da geleit.
  Sie brahten'z an den vürsten sicherliche,
  Unt sprachen : « herre, ir sult ez tuo,
  Beginnet ez, schaffet ez in zit, ez kumt wol zuo,
  Ir machet unser Diudischen pfarren riche. »
  Der bischof sprach : « ich verlang'z wol, swie doch der einen breche,
  Habet ir der predegäre nicht
  Noch den guardian vil vaste an iuwer pfliht,
  So wellent sie'z jungest widerspreche..... »
  .....Sprach ir munt : e wir den valschen bi gestan,
  Wir liezen alliu kloster e versinken.
       (*Krieg ze Wartberg*, 26, 27. Hagen, t. III, p. 174.)

(2) Quia in provincia Theutoniæ tantum quatuor conventus erant : scilicet Frisacensis, Coloniensis, Argentinensis, et Magdeburgensis. (*Brevis historia ord. præd.*, ap. Martène et Durand, *Collect. amplis. veter. scriptor*, t. VI, p. 352.)

nement pas été fondé avant 1230, c'est que d'après la notice des maisons de l'Ordre rédigée pour le chapitre général de 1303, le couvent de Mayence, classé par rang d'ancienneté, occupe la treizième place *in dextro choro*, au côté droit du chœur où siégent les délégués de la province de Teutonie (1). D'ailleurs ce magnifique éloge des Frères Prêcheurs, bien mérité par le noble zèle que ce grand Ordre déploya partout au xiiie siècle, atteste qu'ils étaient déjà universellement connus et révérés quand on composa ce poëme; ce qui fixe sa date à un certain nombre d'années après leur première apparition en Allemagne, et à une époque nécessairement postérieure à la mort de Wolfram d'Eschenbach.

Mais, si l'on écarte la guerre de la Wartbourg, le *Parcival* reste son œuvre principale, digne entre toutes de fixer l'attention; un autre intérêt la désigne encore à nos études. Elle se rattache, en effet, à l'un des cycles légendaires qui voyagèrent par l'Europe chrétienne, modifiant suivant les pays traversés le caractère et l'allure des héros. Ce voyage durait déjà depuis longtemps, lorsque Wolfram voulut redire les aventures de Parcival. Avant d'étudier son héros, il faut donc nous demander d'où il vient. Les Allemands ont parfois jugé la question superflue : « Ce serait peine perdue, dit Gervinus, que de vouloir remonter à l'origine du Saint Graal. Cette

---

(1) *Notitia generalis ord. præd.*, ap. Quétif et Echard, *Scriptores ordinis prædicatorum recensiti*, t. i, p. ix.

tradition n'a selon moi d'autre fondement que la fantaisie d'un poëte espagnol ou provençal (1). » Sans doute la fantaisie n'est pas sans influence, mais elle ne peut, surtout en l'absence du génie, s'imposer à toute une société. Il y a donc dans cette légende quelque chose de plus qu'une imagination personnelle, et, pour le connaître, nous devons nécessairement remonter à son berceau.

(1) *Geschichte der poetischen National-Litteratur*, t. 1, p. 345.

CHAPITRE II.

La légende du Saint Graal.

Le mélange du sentiment religieux et de l'amour profane est le caractère dominant des romans de la Table-Ronde, et les romans du Saint Graal eux-mêmes sont loin de nous offrir ces « sages héros toujours en oraison » que redoutait Boileau. Sans doute, si le but de la chevalerie est de sanctifier la valeur par la piété, nul n'est plus digne d'être proposé pour modèle au moyen âge que le chaste Parcival,

> Lequel fu moult preus et cortois,
> Et plein de grant chevalerie
> Pour l'amour Dieu feni sa vie (1).

Mais s'il est préposé à la garde des plus augustes reliques qui soient sur la terre, s'il meurt comme un saint, il a subi bien des épreuves. Il pleure ses péchés comme les plus austères pénitents (2); mais

---

(1) Roman de *Perceval le Gallois*, in fine.
(2)   Perceval de bon cuer soupire
       Pour ses meffès, pour ses pechiez
       Dont il estoit moult entechiez,
       Si a sa patenostre dit.   (*Perceval le Gallois.*)

il a traversé ces brillantes fêtes de la cour d'Arthur, qui réunissaient tout ce qui pouvait enchanter l'imagination et émouvoir les sens; les plus galants chevaliers de cette cour légère ont été ses frères d'armes (1). Deux éléments ont donc concouru à la formation de la légende de *Parcival;* l'histoire d'un héros de la Table-Ronde, et une tradition mystique.

Le héros est évidemment né dans le pays de Galles : son origine remonte aux vieux contes populaires de la race celtique, aux *Mabinogion.* C'est avec raison que les trouvères lui conservent le nom de Perceval *le Gallois;* car lorsque nous comparerons les versions de Wolfram d'Eschenbach et de Chrétien de Troyes avec le *Mabinogi de Pérédur,* qui est le thème primitif de la légende, nous trouverons qu'au moins dans ses principaux traits sa physionomie galloise n'a pas été altérée. Sur ce premier point on arrive facilement à la certitude. Il n'en est pas de même si nous considérons l'élément religieux du poëme, cette légende du Saint Graal qui, à vrai dire, en fait tout l'intérêt; car les exploits de Parcival ressembleraient à ceux de tous les preux du moyen âge, si cette recherche du vase mystique ne donnait à sa vie un singulier caractère d'origina-

(1)   Moult i ot belle conpagnie,
     D'autre part iert la baronie
     Qui tant iert renommée au monde.
     Tuit cil de la Table reonde
     Séoient avec les pucelles
     Dont il i ot III cens de belles.   (*Perceval le Gallois.*)

lité et de grandeur. Là les systèmes abondent et avec eux les contradictions; on a fait venir tour à tour ce mythe de la Bretagne, de la Provence ou de l'Orient. Nous ne croyons pas cependant qu'il faille assigner à la légende du Saint Graal une autre patrie qu'à l'histoire de Pérédur; mais, sorties toutes deux du pays de Galles, elles ont eu sur le continent une destinée différente : l'une s'est conservée assez intacte pour qu'on puisse la suivre sans peine; l'autre, sans cesse enrichie de nouveaux détails, laisse difficilement reconnaître son origine sous ses développements ultérieurs.

Le Saint Graal, suivant les idées du moyen âge, n'était pas seulement un vase sacré, à jamais vénérable pour avoir reçu le sang du Christ; c'était aussi un vase mystérieux, source d'abondantes faveurs pour les chevaliers chargés de sa garde. Son influence secrète fortifiait contre les tentations, préservait du péché et de la mort; ainsi le roi Pêcheur, l'Anfortas de Wolfram, atteint d'une incurable blessure, ne prolonge ses jours que par la vue du Graal; c'est aussi par son secours que, dans le roman français, Perceval triomphe du démon qui lui apparaît sous les traits de son amante Blanchefleur (1). Le vase saint ne se montre point aux regards des profanes : si l'on n'est en état de grâce, c'est en vain

---

(1) *Voy.* aussi le dernier chapitre du *Perceval le Gallois :* « Ci devise comment Perceval et Hector se furent tant combatu, que il cuidoient bien morir, et esloit l'un d'une part et l'autre d'autre tout estendu, *et .j. angre vint a tout le saint graal qui les conforta.*

qu'on tenterait de l'approcher. Après l'avoir contemplé, un chevalier devient invulnérable pendant un jour ; selon d'autres traditions, il ne peut être tué pendant la semaine qui suit cette heureuse visite. En assurant à ses serviteurs le salut de leur âme, le Graal leur donne par surcroît la nourriture du corps ; car il se couvre pour eux de mets délicieux et inépuisables. Mais, pour prix de tant de faveurs, le chevalier est soumis à la discipline du secret, et l'un des plus grands crimes qu'il puisse commettre est de révéler inconsidérément ces mystères.

Si nous parcourons maintenant le recueil des *Mabinogion*, nous y trouverons aussi l'histoire d'un vase mystérieux (1). Un jour que Bran le Béni chassait en Irlande, il arriva sur le bord d'un lac nommé le lac du bassin. Comme il errait sur le rivage, il vit un homme noir, d'une taille gigantesque, au visage hideux, sortir tout à coup des eaux avec un bassin dans ses bras. Une sorcière et un nain l'accompagnaient. Le géant et la sorcière suivirent Bran le Béni dans la Cambrie son pays natal, et en retour de l'hospitalité qu'ils avaient reçue, lui firent présent de leur bassin. Ce vase, comme le Graal, guérissait les blessures mortelles, il avait même le pouvoir de rendre la vie ; mais de peur que le ressuscité ne révélât le secret de sa guérison, il ne recouvrait point

---

(1) *Mabinogi of benedighed Bran* dans la collection des vieux récits gallois, publiée par lady Charlotte Guest. (*The Mabinogion, from the Llyfr Coch o Hergest.*) M. de la Villemarqué a analysé le Mabinogi de Bran le Béni. (*Contes populaires des anciens Bretons*, t. I, p. 195.)

l'usage de la parole. Nous retrouvons bien là le même mystère qui entoure le Graal. Ce vase ne resta pas longtemps en la possession de Bran le Béni. Il avait eu quelques démêlés avec le prince d'Irlande Martolouc'h. Il se réconcilia avec lui et l'invita à un banquet. Il fit servir à manger dans le bassin magique, où les mets ne s'épuisaient pas, et à la fin du repas il l'offrit au chef irlandais comme un gage de paix et d'amitié. Cette paix ne dura guère. De nouvelles injures forcent Bran le Béni à envahir l'Irlande. Malheureusement le vase qu'il a donné devient le plus utile auxiliaire de ses ennemis; sa vertu ressuscite chaque soldat qui perd la vie, et Bran se consume en vains efforts pour vaincre une armée impérissable. Un jour enfin qu'on jette dans le bassin la tête d'un chef pervers nommé l'Esprit-Mauvais, ce vase, qui, comme le Graal, ne saurait être touché par un méchant, se brise de lui-même au contact de cette tête coupable, et Bran le Béni recouvre ainsi l'avantage.

Ce *Mabinogi* est évidemment le type de la légende du Saint Graal (1). Cette tradition remontait bien haut dans le pays de Galles. Le barde Taliésin parle déjà de son initiation aux mystères du bassin, et une fois initié, s'écrie : « J'ai perdu la parole; » allusion évidente à la discipline du secret destiné à

---

(1) Quelques-unes des propriétés du bassin mystérieux qui ont été conservées par la légende du S. Graal appartiennent aussi à d'autres objets célèbres dans la littérature celtique, ainsi à la corne de Bran Galed, où l'on trouvait sans cesse la liqueur qu'on désirait.

dérober au vulgaire quelque enseignement religieux des bardes (1). Quant au vase lui-même, placé dans le sanctuaire d'une déesse, il communique le don de prophétie, l'inspiration poétique, et la connaissance des lois cachées qui régissent l'univers. L'introduction du christianisme chez les populations celtiques, en changeant les croyances, altéra cette vieille tradition dont le *Mabinogi* de Bran est peut-être un écho déjà bien affaibli. Mais un peuple est toujours porté à mêler ses vieilles superstitions à la doctrine nouvelle qu'il accepte. La légende du bassin mystérieux se confond avec le dogme de la Résurrection, et sans doute avec celui de l'Eucharistie. Ce vase qui rendait la vie aux morts a reçu le sang du Christ qui lui aussi n'a pu être retenu dans le tombeau. L'enseignement de l'Église touchant l'Eucharistie n'était pas non plus sans quelque rapport avec ce qu'on racontait du célèbre bassin. Comme lui l'Église donnait à ses enfants une nourriture inépuisable, source de bonheur spirituel sur la terre, gage de toutes les espérances de l'autre vie; la prudence avec laquelle on révélait ces mystères aux néophytes rappelait l'antique initiation au mystère du bassin; on sait que ce dogme, par tout ce qu'il avait d'étrange et d'inattendu, piquait la curiosité et excitait l'imagination des barbares; il devait donc naturellement s'unir à ce qu'il y avait de plus étrange et de plus caché dans leur ancienne religion. C'est

(1) M. de la Villemarqué, *loc. cit.*

ainsi que la légende subit une première transformation dans le pays de Galles, et qu'une interprétation chrétienne donne une vie nouvelle et un long avenir à une tradition du paganisme vaincu.

Mais pour vivre dans une société semblable à celle du moyen âge, il ne suffit pas à une légende de s'être ainsi transformée ; il faut qu'elle s'incarne en quelque sorte dans un cycle d'aventures, et que quelques-uns des héros aimés de nos pères lui fassent cortége dans la suite des temps. Les noms de deux personnages s'attachent ainsi à la légende du Saint Graal, et semblent rappeler à tout jamais sa double origine. L'un d'eux nous est déjà connu : c'est le Gallois Pérédur, appelé plus tard Perceval ; l'autre, tout chrétien, est Joseph d'Arimathie.

Les Évangiles racontaient que la doctrine du Christ avait fait des prosélytes jusque dans les rangs de ses plus ardents ennemis, les Scribes et les Pharisiens ; on se souvenait de Nicodème qui était venu recevoir furtivement les enseignements du Sauveur ; on se représentait aussi ces rares disciples, conquis à la véritable doctrine dans cette secte réprouvée, défendant Jésus dans les conseils où sa mort fut résolue et préparée ; et, désolés de n'avoir pu sauver leur maître, aidant au moins les saintes femmes à lui rendre les derniers devoirs. Cette tradition, qui a éloquemment inspiré Klopstock dans sa *Messiade* (1), vit dès

---

(1) *Voy.* au commencement du ch. IV l'admirable discours de Nicodème en réponse aux discours de Caïphe et de Philon.

les premiers siècles dans ces récits légendaires qu'on appelle les Évangiles apocryphes, et, parmi eux, fait le plus grand intérêt de l'Évangile de Nicodême. C'est là qu'apparaît aussi pour la première fois l'histoire des persécutions endurées par Joseph d'Arimathie. Il n'avait pas impunément enseveli celui que la haine des Juifs avait condamné. On le saisit, on l'enferme dans une chambre où il n'y avait point de fenêtres. Les princes des prêtres scellent la porte de leur sceau, y placent des gardes, et réunis en conseil le lendemain du jour du Sabbat, délibèrent sur le supplice à infliger. La délibération finie, on ordonne d'amener le captif. Mais quelle n'est point la stupeur de l'assemblée quand on lui annonce qu'on n'a point trouvé Joseph dans cette chambre sans issue (1)! Cet incident fait même attribuer par l'auteur de la légende une curieuse réponse aux soldats chargés de veiller sur le tombeau du Christ. Comme les princes des prêtres leur réclament ce corps qu'ils se sont laissé honteusement dérober : « Donnez-nous, disent-ils, Joseph que vous gardiez vous-mêmes, et nous vous rendrons Jésus que nous avons gardé (2). » La suite nous apprend

---

(1) Et apprehendentes Joseph, incluserunt eum in cubiculum ubi non erat fenestra. Signaverunt ostium cubiculi super clavem ; Annas et Caïphas custodes posuerunt, et consilium fecerunt cum sacerdotibus et Levitis ut congregarentur omnes post diem sabbati. Et cogitaverunt qua morte occiderent Joseph. Hoc facto jusserunt principes Annas et Caïphas præsentari Joseph. Hæc audiens omnis congregatio admirantes obstupuerunt, quia signatam invenerunt clavem cubiculi, nec invenerunt Joseph. »

(Fabricii *codex apocryphus Novi Testamenti, Evangel. Nicod.* c. XII.)

(2) Ibid. XIII.

que le Sauveur lui-même avait délivré Joseph, et l'avait conduit à Arimathie sa ville natale. Il en revient pour confesser Jésus-Christ devant le Sanhédrin, et sa délivrance miraculeuse venant à l'appui de son témoignage, il opère de nombreuses conversions. Tant de prodiges viennent aux oreilles de Pilate, et le déterminent à écrire à Tibère cette fameuse lettre si souvent citée quoique si évidemment fausse. C'est ainsi que se termine l'évangile de Nicodême, mais la légende devait se charger d'achever l'histoire de Joseph d'Arimathie.

La propagation rapide du christianisme frappa vivement les esprits au moyen âge; les Actes des apôtres, les Épîtres de saint Pierre et de saint Paul nous attestent l'ardeur et l'activité des premiers missionnaires; mais ces prodiges furent encore dépassés dans l'imagination de la postérité. Heureuses d'avoir reçu la foi, toutes les Églises voulurent la tenir des disciples immédiats du Christ, et surtout de ceux qu'il avait plus spécialement honorés de ses bienfaits; on pensait qu'ils devaient avoir consacré à son service cette vie qu'avait embellie son affection ou que leur avaient rendue ses miracles. C'est ainsi que le fils de la veuve de Naïm était venu fonder en Germanie les premières églises chrétiennes (1); Lazare, Marthe et Madeleine avaient évangélisé Marseille et Tarascon (2); l'Angleterre devait sa conver-

---

(1) M. Ozanam, *La civilisation chrétienne chez les Francs*, ch. 1ᵉʳ. (*La Germanie chrétienne sous les Romains.*)

(2) Lazarum, Mariam Magdalenam, Martham et Marcellam pedisequam,

sion à Joseph d'Arimathie (1). Nous sommes loin de dédaigner ces légendes, fidèle expression de l'attachement des peuples à la foi nouvelle; car on ne veut ainsi avoir toujours aimé dans le passé que ce qu'on aime fortement dans le présent. Mais la légende ne se contentait pas de rapporter les lointains voyages de Joseph d'Arimathie; sa captivité à Jérusalem voulait être racontée avec plus de détails. Déjà Grégoire de Tours reproduit en l'altérant le récit de l'évangile de Nicodème. Ce n'est plus le Christ, c'est un ange qui délivre Joseph, et les murs de la prison se soulèvent de terre pour leur donner passage (2). Plus tard, en plein moyen âge, on ajoute de plus merveilleux détails. Cette captivité a duré non plus quelques jours, mais quarante années jus-

---

in quos Judæi majori odio exardescebant, non tantum Hierosolimis pulsos esse, sed una cum Maximino discipulo navi absque remigio impositos in certum periculum mari fuisse creditos; quos divina Providentia Massiliam ferunt appulisse; *comitemque ferunt ejusdem discriminis Josephum ab Arimathia nobilem decurionem, quem tradunt ex Gallia Britanniam navigasse;* illicque post prædicatum Evangelium diem clausisse extremum. (Baronii *Annal. Eccles.* ad ann. 35, t. 1er, p. 52.) — Ces traditions étaient donc assez repandues pour que Baronius les accueillit dans ses *Annales*. Il est vrai qu'on peut reprocher au savant Oratorien de ne les avoir point contrôlées avec une assez sévère critique.

(1) Sanctus autem Philippus, regionem Francorum adiens gratia prædicandi..... duodecim ex suis discipulis elegit..... et ad evangelizandum verbum vitæ misit in Britanniam, quibus, ut ferunt, carissimum amicum suum Joseph ab Arimathia, qui et dominum sepelivit, præfecit.

(Guill. de Malmesbury, cité par M. San Marte, *Leben und Dichten Wolfram's von Eschenbach*, p. 413.)

(2) Nocte parietes de cellula in qua Joseph tenebatur, suspenduntur in sublimi; ipse vero de custodia absolvente angelo liberatur, parietibus restitutis in locum suum.   (Greg. Turon., l. 1, c. 21.)

qu'à la prise de Jérusalem par Titus. Excité par sainte Véronique à venger la mort du Christ, Titus a entrepris une expédition contre Jérusalem. Après sa victoire, la femme et les enfants de Joseph d'Arimathie viennent implorer sa justice. Mais les princes des prêtres connaissent seuls le lieu où est renfermé leur prisonnier, et tous, supposant qu'il a péri de faim dans son cachot, s'obstinent à garder le silence. Titus alors menace de les faire brûler vifs, et Caïphe consent enfin à révéler le secret, à condition qu'il aura la vie sauve. Il conduit Titus à la prison de Joseph; l'empereur, en délivrant le captif, lui demande depuis combien de temps il croit être renfermé dans ce cachot : « Depuis deux jours, » lui répond Joseph. Si quarante-deux années avaient pu lui paraître aussi courtes, c'est qu'il avait reçu d'en haut un secours surnaturel. Le Saint Graal avait été le compagnon de sa captivité, et en extase devant le vase céleste, Joseph, préservé miraculeusement d'une mort certaine, ne s'était aperçu ni de la privation de nourriture ni de la longueur du temps (1).

Après sa délivrance, Joseph évangélise les bords de l'Euphrate; enfin il entreprend de travailler à la

---

(1) Telle est la version des rédactions en prose du S. Graal et du Perceval le Gallois. La même légende se retrouve avec quelques changements dans le roman en vers, publié par M. Francisque Michel. Vespasien, fils de l'empereur de Rome, guéri de la lèpre par la vue du suaire de sainte Véronique, vient à Jérusalem venger la mort du Christ. Un Juif pour éviter le supplice lui indique la prison de Joseph ; et Vespasien le trouve sain et sauf; car le Graal avait été apporté au captif par le Christ lui-même. (Cf. *roman du S. Graal*, v. 712 et suiv.; v. 1933 et suiv.)

conversion de l'Occident, et, toujours possesseur du vase sacré, il vient fonder en Angleterre les premières églises chrétiennes. Les douze fils de son beau-frère Hébron l'y avaient suivi ; onze se décident pour la vie laïque et le mariage ; mais le douzième, Alain, fait vœu de chasteté, et devient serviteur du Graal (1). Alain s'appelle aussi le Riche Pêcheur ; suivant la rédaction en prose du Perceval, il est de plus dépositaire de la lance qui perça le côté du Christ ; il devient roi d'Angleterre, et bâtit le magnifique château où ses héritiers, sous le nom de *Rois Pêcheurs*, doivent veiller à la garde de ces précieuses reliques (2).

Mais une milice de chevaliers devait partager avec le roi Pêcheur ce glorieux privilége de la garde du Graal. Les plus irréprochables des preux pouvaient seuls prétendre à une distinction si haute ; aussi, la noble milice se recrute naturellement dans cette cour d'Arthur, partout citée comme le plus parfait modèle de valeur et de courtoisie. C'est ainsi que la légende du Saint Graal se rattache au cycle de la Table-Ronde. Les vassaux d'Arthur, pour mériter

---

(1)   Lor dist Joseph : « Biaus niés, por voir,
            Mout grant joie devez avoir.
            Nostres sires par son pleisir
            Vous ha eslut a lui servir,
            Et a essaucier sen douz non,
            Qu'assez loer ne le puet-on.
                (*Roman du S. Graal*, éd. Fr. Michel, v. 2986 et suiv.)

(2) Cf. San Marte, *die Arthursage*, et *Leben und Dichten Wolfram's*, p. 410 et 411.

de découvrir et de contempler le vase merveilleux, se soumettent à de dures épreuves, à de périlleux travaux ; mais parmi eux il en est un dont la vie est plus intimement liée à cette glorieuse recherche. Dans le roman en prose de Perceval, lorsqu'à la fin on ensevelit à côté du roi Pêcheur la dépouille mortelle du héros, on grave ces mots sur sa tombe : « Ci-gît Perceval le Gallois qui termina les aventures du Saint Graal. » Sa vie fut en effet l'expression la plus parfaite de l'esprit chevaleresque, tel que l'a conçu cette légende ; et, après sa mort, les saintes reliques furent emportées au ciel, nul n'étant plus digne de veiller sur ce dépôt sacré.

Les deux éléments qui ont concouru à la formation de ce mythe ont donc trouvé chacun leur personnification. Par Joseph, la vieille tradition celtique de Bran le Béni se rattache aux idées chrétiennes, et Perceval lui donne entrée dans le monde de la chevalerie. Mais Joseph a évangélisé les Bretons, et le noble suzerain de Perceval, Arthur, a régné sur eux ; la légende du Saint Graal conserve donc, même dans ses développements les plus éloignés de sa forme primitive, d'incontestables traces de son origine galloise.

Cependant, comme pour donner à cette légende son véritable caractère, nous avons tiré cette rapide esquisse des dernières œuvres qu'elle a inspirées, cette origine galloise ne saurait être véritablement prouvée si l'on ne peut suivre les diverses modifications de la légende, et combler cet intervalle, immense au premier abord, qui sépare les *Mabinogion* de nos vieux romans. Une légende ne sort pas toute faite d'un pays comme Minerve sortit tout armée du cerveau de Jupiter, et le cycle de la Table-Ronde, comme tous les autres, n'a pris que sur le sol français sa forme définitive. La ressemblance singulière du *Mabinogi* de Bran le Béni avec la fable du Graal peut même être regardée comme fortuite si l'on ne trouve dans les traditions galloises le thème primitif de toute *la matière de Bretaigne*, et si la légende de Joseph d'Arimathie et celle de Pérédur ne commencent à s'y rattacher au vieux mythe du bassin magique.

Les diverses opinions sur l'origine et la nature du Saint Graal peuvent se ramener à deux systèmes principaux, selon qu'on fait venir de la Bretagne ou de la Provence et le cycle de la Table-Ronde et le mythe particulier qui nous occupe. En effet, les critiques allemands qui ont voulu donner une origine orientale à la légende du Saint Graal admettent qu'arrivée en Europe par l'intermédiaire des Arabes d'Espagne, elle a été tout d'abord adoptée par les Provençaux; ils se rencontrent ainsi avec M. Fauriel, qui veut que ces mêmes Provençaux aient créé le cycle de la Table-Ronde (1); et leurs adversaires s'accordent à donner à la légende une origine celtique, une origine bretonne, soit qu'il faille entendre par ces mots la Bretagne française, l'Armorique, comme le

---

(1) M. Gervinus tient pour l'origine provençale.

prétend M. de la Villemarqué (1), comme incline parfois à le penser M. San Marte (2); soit qu'ils doivent désigner le pays de Galles, comme l'a récemment soutenu M. Renan (3).

L'étymologie des noms propres et la géographie de ces légendes jouent un grand rôle parmi les arguments de M. Fauriel en faveur de l'origine provençale. Ces arguments paraissaient d'autant plus péremptoires que, les *Mabinogion* étant alors presque inconnus ou relégués parmi les fables sans valeur (4), il semblait qu'on dût tirer du texte même des vieux poëmes les indices de leur première origine; et dans cette hypothèse on était naturellement porté à conclure de la patrie des noms propres à la patrie de la légende elle-même. Nous retrouverons cette même objection et ce même procédé de critique à mesure que nous examinerons chacun des éléments de notre cycle; mais c'est à propos du mot Graal que la question d'étymologie a été le plus vivement agitée. Le mot n'est évidemment pas cel-

---

(1) *Voy.* l'introduction au recueil des *Chants populaires de la Bretagne*, et les notes, *passim*. Cette opinion est aussi celle de l'abbé de la Rue. (*Voy.* t. 1, p. 80.)

(2) M. San Marte, *die Arthursage*. M. San Marte accorde cependant une large part à l'influence galloise dans la formation de ces légendes. (*Voy. Leben und Dichten Wolfram's von Eschenbach*, l. IV et V.)

(3) *Voy.* le remarquable article de M. Renan sur la poésie des races celtiques. (*Revue des deux mondes*, 1er février 1854.)

(4) L'abbé de la Rue traite les *Mabinogion* de contes de nourrice. M. San Marte fait au contraire observer qu'il faut les considérer comme de vieilles traditions celtiques, quoique le mot signifie selon lui *contes d'enfants* (*Kindermährchen*), et que lady Charlotte Guest ait dans sa préface dédié à ses enfants le beau recueil des *Mabinogion*.

tique. Mais de ce qu'on retrouve dans l'ancien catalan *gresal*, dans l'ancien espagnol *garral*, *grial* et *greal*, avec la signification de vase (1), on ne peut en conclure que la légende du Saint Graal est d'origine espagnole ; car ce mot se retrouve sous diverses formes dans les langues néo-latines, désignant un bassin quelconque ou un vase précieux (2). Et ce qui prouve bien que ce n'était pas un mot poétique, ou réservé pour désigner spécialement notre vase mystérieux, c'est qu'il figure dans un texte de loi écrit en langue d'Oïl, où certainement on a eu l'intention de n'employer que le mot le plus simple et le plus clair. Il s'agit d'un passage des Assises de Jérusalem, conférant au sénéchal le droit de s'approprier la vaisselle qui aura servi au banquet du couronnement : « Et quant le roy aura mengié.....
« doit le seneschau mengier ; et toutes les escueles
« et *greaus* en que il aura servi le cors dou roy dou

---

(1) *Voy*. le lexique roman de M. Raynouard, au mot *graal*, et les notes de M. Francisque Michel en titre de son édition du roman du S. Graal.

(2) Ainsi en provençal (Cf. Raynouard, *loc. cit.*) :

Grazal, Grasal ou *Grazaus*, vase, jatte. Synonyme de bassin, comme le prouve ce vers :

   En lo bacin, o en *grazal*.

Ce mot désigne aussi notre vase mystique ; ainsi dans la rédaction provençale du S. Graal par Richard de Barbezieux :

   Que s'esbaie d'esguardar
   Tant que non saup demandar
   De que servia
   La lausa ni 'Grazaus. (Ibid.)

Dans la langue d'Oïl, *graal* et *gréal* ; au plur. *graaux, greas, greaux*. (Cf. Roquefort, *Glossaire*, t. I, p. 702.)

« premier més doivent être soues, plaines de tel
« viande com le cors dou roy aura été servi celui
« jour (1). »

Le mot *greaus* n'a ici que la signification de vase; ce qui résulte encore d'une des versions en prose de notre roman : « Enfin Joseph avoit été
« dans la maison ou Jhesus Christ avoit fait la Cène
« avec ses apôtres ; il y trouva l'escuelle ou le fils
« Diex avoit mengié, si s'en saisit, la porta chez
« lui, et s'en servit pour amasser le sang qui coula
« du costé et autres plaies, et celle escuelle est appe-
« le Sainct-Graal (2). » Ces exemples prouvent suffisamment que le mot graal, commun à plusieurs idiomes, ne peut indiquer la véritable patrie de la légende ; et si l'on a tiré de cette dénomination un argument contre son origine galloise, c'est qu'on n'a pas remarqué comment les mythes gallois étaient arrivés sur le continent. Ce n'était pas dans les vieux récits des Celtes, que les conteurs allaient chercher cette *matière de Bretaigne* qui charmait le moyen âge, mais dans les rédactions latines des chroniques où ces fables avaient trouvé place. L'abbé de la Rue, dans ses recherches sur les origines du cycle de la Table-Ronde, parle d'un vieux texte latin rédigé, dit-on, par les ordres du roi

---

(1) *Assises de Jérusalem*, c. 289.
(2) Ms. de l'Église de Paris, n° 7, f. 4, cité par Schmidt. — *Romane der Tafelrunde.* — *Wiener Jahrbücher der Litteratur*, t. xxix. — Cf. Du Cange, *Glossar.* au mot *Gradalis.* Il cite une charte de l'an 1263 où *Gradalis* a un sens tout à fait général ; « Item unum centenarium de parassidibus et triginta Gradales. » (Ap. Murat. *Antiq. Ital. med. æv.*, t. II.)

Arthur, et placé par lui dans les armoires de la cathédrale de Salisbury (1). Nous sommes loin de croire à l'authenticité de ce manuscrit souvent cité; mais il exista de semblables écrits dont on exagéra plus tard l'antiquité, et qu'on lisait dans les abbayes d'Angleterre bien avant que la poésie chevaleresque se développât sur le continent. Ces vieux récits latins étaient très-connus. Au XIIe siècle le moine Hélinand (2) parle comme d'une chose universellement admise de la vision qu'un ermite breton eut en 720 « au sujet de Joseph d'Arimathie et du *Gradal.* » Il n'a pu, dit-il, se procurer le récit original en latin déjà difficile à trouver de son temps; mais il en existe des traductions françaises qu'il a consultées (3). Cette tradition est même assez répandue pour qu'au XIIIe siècle Vincent de Beauvais la con-

---

(1) T. II, p. 215.

(2) Cistercien, chroniqueur de l'abbaye de Frémont dans le diocèse de Beauvais.

(3) Hoc tempore (anno 720) in Britannia cuidam eremitæ monstrata est mirabilis quædam visio per Angelum de sancto Joseph decurione qui corpus Domini deposuit de cruce, et de catino illo suo paropsyde, in quo Dominus cœnavit cum discipulis suis, *de quo ab eodem eremita descripta est historia quæ dicitur de Gradali.* Hanc historiam latine scriptam invenire non potui, sed tantum gallice scripta habetur a quibusdam proceribus, nec facile, ut aiunt, tota inveniri potest. (*Helinandi chron.*, ap. Tissier. *Biblioth. patr. Cistercensium*, t. VII. — Cf. San Marte, *Leben und Dichten Wolfram's von Eschenbach*, t. II, p. 415.) Ces mêmes paroles se retrouvent dans Vincent de Beauvais, mais il y a intercalé une définition curieuse et une bizarre étymologie du mot *Graal*: Gradalis autem vel Gradale gallice dicitur scultella lata et aliquantulum profunda in qua preciose dapes cum suo jure solent apponi..... Et dicitur vulgari nomine *Graal, quia grata et acceptabilis est* in ea comedenti, cum propter continens, quia forte argentea est, vel de alia preciosa materia, tum propter contentum, id est, ordinem multiplicem dapum preciosarum. (*Spec. hist.* Ed. Jos. Mentellin, Argentorati, 1473, t. II, f. 200.)

signe dans son *Speculum historiale*, reproduisant à peu de chose près le texte d'Hélinand. Tous les deux s'appuient sur d'anciennes chroniques monacales venues d'Angleterre. Le mot *gradale*, qui avait pris place dans la latinité corrompue du temps, avait été employé par les rédacteurs de ces chronique pour traduire le mot celtique qui signifie bassin, et on s'explique ainsi naturellement que ce mythe gallois n'ait pas apporté avec lui dans le monde chrétien un terme caractéristique qui révélât son origine. La légende n'a pas créé le mot *graal;* elle l'a trouvé tout fait, et s'en est servi; elle a pu seulement, mais bien plus tard, contribuer à le sauver de l'oubli (1).

L'histoire fabuleuse de Joseph d'Arimathie et du vase sacré dont il était dépositaire s'était donc mêlée d'assez bonne heure aux vieilles traditions celtiques. Pourrait-on retrouver aussi dans chacun des éléments de la légende une croyance bretonne transformée par le christianisme ou la chevalerie? On pourrait soutenir que cette lance sanglante qu'on porte devant le Saint Graal toutes les fois qu'il apparaît à la cour du roi Pêcheur, n'est pas sans analogie avec une autre lance sanglante, symbole d'une association secrète, destinée, au témoignage de M. de la Villemarqué, à perpétuer chez les Celtes la résistance contre les Anglo-Saxons. Mais ce

---

(1) C'est donc une erreur de penser, comme M. Schmidt, que les mots Saint Graal ne sont qu'une corruption de *Sanguis regalis*, sang royal, sang divin. (Cf. *Romane der Tafelrunde, Wiener Jahrbücher der Litteratur,* t. XXIX.)

n'est qu'une conjecture. Dans l'histoire de Pérédur, au contraire, les analogies sont incontestables. Un grand nombre des aventures du Perceval français comme du Parcival allemand sont une reproduction exacte de divers épisodes du *Mabinogi*. La ressemblance n'est pas cependant parfaite; car dans le récit gallois il n'est pas question du vase sacré; c'est à peine si l'on peut prétendre qu'il y est fait quelques vagues allusions, et le *Mabinogi* de Pérédur, au lieu d'aboutir à la vie sacerdotale comme le Perceval français, ou à la fondation d'une sorte de théocratie comme le Parcival allemand, finit simplement comme une comédie par un mariage, par deux mariages même; car ses diverses branches donnent au héros deux épouses différentes (1). Cependant cette combinaison de la légende de Pérédur avec celle du Saint Graal ne saurait être une pure fantaisie des chroniqueurs ou des trouvères, et on a lieu de supposer qu'elle s'était opérée au sein de la littérature galloise. Le nom de Pérédur, qui, suivant l'étymologie donnée par M. de la Villemarqué, signifie *chercheur de bassin* (2), pourrait déjà le faire soupçonner; une tête ensanglantée placée dans un bassin se retrouve dans le *Mabinogi* de Pérédur, comme dans celui de Bran le Béni; il y

---

(1) Angarad à la main d'or, et l'impératrice de Kristinobel la Grande avec laquelle il règne pendant quatorze ans.

(2) De *per*, bassin, et *gedur*, en composition *edur*, chercher. (Cette étymologie a été contestée.)

est aussi question d'une lance mystérieuse (1). Les bardes sont ici d'accord avec la littérature populaire ; car Pérédur a trouvé place dans leurs chants à côté des autres défenseurs de l'indépendance galloise ; c'est un personnage historique grandi et transformé par la légende, comme la plupart des héros de la Table-Ronde. Aneurin le nomme parmi les guerriers qui périrent à la bataille de Cattraeth, et, ce qui est plus remarquable, Taliésin l'appelle « le héros à la tête sanglante (2). » Pérédur a donc obtenu le premier rang dans cette *quête du Graal* parce que déjà dans les traditions galloises son histoire se rattachait au mythe du bassin. Le nom qu'il porte dans nos vieux romans n'est pas une objection contre cette incontestable origine ; on sait, en effet, que les trouvères ont traduit ou modifié les noms des héros de la Table-Ronde. La fable de Lancelot en offre un singulier exemple. Ce nom, tout français, a longtemps fait croire à l'origine française de cette légende. Cependant dans le roman attribué à Gautier Map l'auteur prend soin de nous avertir que Lancelot n'est que le surnom du preux chevalier dont il raconte les ex-

---

(1) M. de la Villemarqué, *Contes populaires des anciens Bretons*, t. II, p. 158.

(2) « Parmi eux, dit Aneurin, était Pérédur, le héros aux armes bien trempées, le sauveur dans la mêlée, le soutien dans la bataille. » (La Villemarqué, *Contes populaires*, t. II, p. 256.) Geoffroy de Monmouth fait aussi mention de Pérédur dans sa *Chronique rimée de la vie de Merlin* :

    Et venit ad bellum Merlinus cum Pereduro,
    Rex quoque Cambrorum Rodarchus, sævus uterque.

ploits (1). En effet Lancelot, que dans les plus anciens manuscrits on trouve écrit en deux mots : *l'Ancelot*, n'est qu'un diminutif du mot *ancel, ancèle*, qui signifiait valet. Or on trouve dans les vieux récits des bardes des aventures tout à fait semblables, attribuées à un chef nommé Maël, mot qui signifie valet, au témoignage de M. de la Villemarqué. Ce n'est donc qu'une traduction. Il en a été de même pour Pérédur ; les surnoms de Perceval ou de Perceforest lui ont été donnés, soit pour exprimer la vie errante du chercheur du bassin ; soit pour faire allusion à ses exploits, aux forêts et aux campagnes qu'il avait purgées de leurs hôtes malfaisants, les enchanteurs et les sorcières (2). Ces surnoms plus clairs pour les lecteurs se sont substitués au nom primitif, et ont ainsi donné une allure française à un héros purement gallois.

Mais ni la légende du Saint Graal ni les aventures de Perceval n'eussent exercé tant de prestige, si elles ne se fussent rattachées au cycle de la Table-Ronde ; elles ont suivi la fortune et subi les transformations de ce cycle tant aimé du moyen

---

(1) L'abbé de la Rue, t. II, p. 243.
(2) C'est du moins ce qui semble résulter de deux textes du roman de Perceforest : « Bien viengne le roy Perceforest, qui a garanty et couvert le mauvais pays de ceste forest. » — Et plus loin : « Affin que nous et ceulx qui après nous viendront sceussent comment et par qui les forests Dangleterre furent percées et ouvertes encontre Darnant Lenchanteur et son lignage qui closes les tenoient et serrées par leurs enchantemens. » S'appuyant sur ces textes, M. Schmidt traduit Perceforest par *ouvreur de forêts* (*der Oeffner des Forstes*). (*Wiener Jahrbücher der Litteratur*, t. XXIX, p. 117.)

âge ; leur histoire ne saurait donc en être séparée.

Un chroniqueur anglais du xiie siècle, Guillaume de Malmesbury, racontant l'ancienne histoire de la Bretagne, parle ainsi du héros national des Celtes : « Tel est cet Arthur, sur lequel les Bretons font encore aujourd'hui maint conte ridicule, vraiment digne pourtant de n'être point défiguré par la fable, mais célébré par l'histoire (1). » Ce jugement a pour le moyen âge un remarquable caractère d'impartialité et de critique. Il serait, en effet, curieux de connaître la vie de ce petit roi Cambrien, qui joua un rôle dans la lutte héroïque des Gallois contre les Anglo-Saxons, et livra sans doute maint combat avant de périr, en 542, à la bataille de Canlam. Mais cette histoire, instructive pour nous, serait aussi celle de la plupart des rois ses voisins. Arthur a eu le privilége d'être choisi entre mille ; la légende l'a conduit comme par la main à travers les âges, jusqu'à ce que sa renommée égalât celle de Charlemagne. Au temps de Guillaume de Malmesbury, cette merveilleuse transformation était déjà accomplie, et les hauts faits d'Arthur et de ses compagnons, profondément gravés dans la mémoire des peuples, faisaient l'entretien et le charme de tous les hommes (2). Jamais réputation n'eut pourtant

---

(1) Hic est Arthurus de quo Britonum nugæ hodieque delirant, dignus plane quem non fallaces somniarent fabulæ, sed veraces prædicarent historiæ.
(Guill. Malm., l. i, c. 1.)

(2) Quum et gesta Arthuri et sociorum, a multis populis quasi inscripta mentibus, et jucunde et memoriter prædicentur. (Guill. de Malm., *loc. cit.*)

un fondement moins historique. C'est en vain qu'on chercherait le nom d'Arthur dans le livre où Gildas retrace les désastres des Bretons, ni dans cette consciencieuse narration des antiquités anglo-saxonnes, que Bède le Vénérable composa, comme il nous l'apprend lui-même, d'après les textes anciens, les traditions de ses aïeux, et ses propres recherches (1). Le barde Aneurin, au vi^e siècle, ne connaît pas encore Arthur. On le voit seulement apparaître dans les poésies de Taliésin, de Liwarch'Hen, et dans les chants de quelques bardes postérieurs. On l'y trouve en compagnie de ceux qui seront plus tard les preux de la Table-Ronde, Cadwallon, Urien, Ghéraint, Ovain, Pérédur; il est brave comme eux; mais rien ne fait pressentir en lui le plus parfait modèle du héros. La légende apparaît vers 850, dans le récit de Nennius; la résistance des Gallois contre les Saxons se personnifie dans Arthur, et déjà la victoire ne l'abandonne jamais (2). Il fait le pèlerinage obligé de tous les héros du moyen âge, il va à Jérusalem et en rapporte un modèle de la vraie Croix, destiné à rendre ses armées invincibles aux païens (3). Nous

---

(1) Hæc de historia ecclesiastica Britannorum et maxime gestis Anglorum, prout vel ex literis antiquorum, vel ex traditione majorum, vel ex mea ipsa cognitione scire potui, digessi Beda.- (*Hist. eccl.*, in fine.)

(2) Illo tempore Saxones invalescebant et crescebant modice in Britannia, mortuo autem Hengisto, Octa, filius ejus, transivit de sinistrali parte Britanniæ ad regem Cantariorum, et de ipso orti sunt reges illius patriæ. Artur pugnabat contra illos in diebus illis videlicet Saxones, sed ipse erat dux bellorum, et in omnibus bellis victor extitit. (C. 62.)

(3) Artur Jerosolimam perrexit, et ibi crucem ad quantitatem salutiferæ Crucis fecit, et ibi consecrata est ; et per tres continuos dies vigilavit et ora-

sommes déjà dans le monde de la fiction, et ce pèlerinage d'Arthur est comme le premier indice du lointain voyage que devait faire sa renommée, partout où s'étendrait la chevalerie. La légende se développe encore dans les traditions bretonnes, et tout devient merveilleux dans l'histoire d'Arthur. Sa naissance n'est pas sans analogie avec celle d'Hercule et rappelle l'aventure d'Amphitryon. La femme du roi Galoès a mérité l'amour d'Uter à la Tête de Dragon, le plus brave des chefs des Celtes ; mais, épouse fidèle, elle est inaccessible à la séduction. Par les enchantements de Merlin, l'amant de la fée Viviane, Uter prend la forme de Galoès, et de cette union naît Arthur. D'autres traditions font d'Uter un personnage tout mythologique : c'est le dieu de la guerre ; Arthur reçoit en partage la neuvième partie de la force du dieu auquel il doit le jour ; quelque chose de cette puissance divine se communique aux objets qu'il possède, à son vaisseau, à son bouclier, mais surtout à sa grande épée *Calibourne*, qui, dans tout le moyen âge, n'a d'autre rivale que la *Durandad* de Roland. Il prend le titre d'empereur et règne à Caerléon sur l'Usc, la ville sainte des Bretons, la métropole nationale qu'ils opposaient au siége primatial de Cantorbéry. Les premiers serviteurs de sa cour sont dignes de leur maître. Kai, son majordome, son écuyer Beduer, et surtout son

---

vit coram cruce Dominica, ut ei Dominus victoriam daret de paganis, quod et factum est. (Nenn. c. 63. Cf. San Marte, *die Arthursage*, p. 6.)

héraut Gwalhmaï, le Gauvain des trouvères, sont des preux accomplis. Enfin, blessé à la bataille de Canlam, Arthur est transporté par les fées dans l'île d'Avallon, où leurs soins le guérissent de ses blessures, et un jour il en reviendra pour reprendre le cours de ses victoires et rendre à l'empire gallois son antique splendeur. Suivant Alain des Iles, on croyait encore à son retour au XIIe siècle : on avait gravé ce vers sur un tombeau où l'on croyait avoir retrouvé ses restes :

Hic jacet Arturus, rex quondam, rexque futurus (1).

En attendant cette résurrection, les traditions ne laissaient point s'effacer sa mémoire. Il était devenu une sorte de génie; la grande Ourse était le charriot d'Arthur; les paysans, au témoignage de Gervais de Tilbury, croyaient entendre la nuit sa meute passer dans les airs (2); mais cette chasse nocturne n'est pas l'expiation d'un crime, comme dans la

---

(1) Cf. Schmidt, *Romane der Tafelrunde.* (*Wiener Jahrbücher*, t. XXIX, p. 79.) — L'abbé de la Rue, t. I, p. 74.

(2) Cf. M. Renan, *La poésie des races celtiques.* Cette croyance au retour d'Arthur fit souvent tourner les Bretons en ridicule au moyen âge. On disait un *espoir breton* pour un espoir mal fondé. Les trouvères leur prodiguaient les railleries et les injures; Wolfram von Eschenbach les a traduites en allemand, et les hommes les plus graves du moyen âge leur ont donné place dans leurs écrits. Tels sont ces vers de Pierre de Blois :

    Certa non linquimus ob dubia :
    Somniator animus
    Respuens præsentia
    Gaudeat inanibus ;
    Quibus si credideris,
    Expectare poteris
    Arturum cum Britonibus.   (Petr. Bles. ep. 57.)

ballade allemande du Féroce Chasseur; c'est le noble délassement du héros en attendant la gloire de son nouvel avénement

Enfin, la création épique s'achève dans la chronique de Geoffroy de Monmouth. Ce n'est pas trop de deux cycles légendaires du moyen âge, pour rehausser la noble origine d'Arthur et ses grandes actions. Il descend en effet d'Enée. Brutus, fils d'Ascagne, ayant eu le malheur de blesser son père à la chasse, s'enfuit en Grèce. Il y trouve un grand nombre de Troyens captifs qu'il délivre, défait le roi Pandrasus, lui enlève sa fille, l'épouse, et par les conseils de Diane, va fonder un autre empire Troyen. Il s'embarque, franchit les colonnes d'Hercule, traverse la Gaule, où douze rois lui donnent l'hospitalité, et bâtit enfin, sur les bords de la Tamise, une autre Troie. (*Troja nova*, par corruption *Trinovantum*, plus tard *Londinum*.) Après sa mort le pays prend le nom de Bretagne, le peuple celui de Breton; son parent, Corineus, donne son nom au pays de Cornouailles. L'histoire et la généalogie fabuleuses des rois bretons remplissent les six premiers livres de la chronique; le septième est consa-

> Les Gallois sont tous par nature
> Plus sots que bestes de pature.
> (Chrét. de Troyes, *Perceval le Gallois*.)
>
> Dirre *tærsche* Wâleise   (*tærsch*, allem. mod. *narr*)
> Unsich wendet gâher reise.
> Ein pris den wir Beier tragn
> Muoz ich von wâleisen sagn,
> *Die sint tærscher denne Beiersch her*..... (*Parcival*, 121, 5.)

cré aux prophéties de Merlin; au huitième livre paraît enfin Arthur, qui règne sur le monde entier. La soumission de l'Irlande et de la Norvége ne sont que le prélude de ses exploits. Il réduit la Gascogne, enlève la France au tribun Flotto, et envahit l'Italie à la tête de 183,200 chevaliers, sans compter l'infanterie. Le souverain de Rome, Lucius Tiberius, est vaincu malgré la résistance héroïque du sénateur Porsenna. Maître de l'univers, ayant le droit de porter trente couronnes, Arthur donne à Caerléon un tournoi où assistent tous les rois de la terre, devenus ses vassaux. Enfin, blessé mortellement, il est porté dans l'île d'Avallon, où les soins de la fée Morgane guérissent sans cesse ses blessures qui se rouvrent chaque année; mais un jour sa guérison sera complète, et il remontera sur le trône (1).

Mais l'Arthur de Geoffroy de Monmouth est encore trop gallois pour régner sur le moyen âge; car on ne devient un héros pour l'humanité qu'en cessant d'être un héros purement national. Cette dernière transformation s'opère dans le cycle de la Table-Ronde. Les légendes avaient créé cette grande figure d'Arthur; le moyen âge la conserve, l'entoure de ses hommages, mais l'efface cependant un peu derrière les images des preux de sa cour, auxquels

---

(1) Cette tradition se retrouve dans les *Otia Imperialia* de Gervais de Tilbury : « Arturus vulneratur, inde secundum vulgarem Britonum traditionem in insulam Avalloniam ipsum dicunt translatum, ut vulnera quotannis recrudescentia sub interpolata sanatione curarentur a Morganda fatata, quem fabulose Britones post data tempora credunt rediturum in regnum.

l'imagination du conteur prête plus facilement ses propres conceptions. Le suzerain de la Table-Ronde se borne à conférer l'ordre de chevalerie, à veiller à ce qu'on en remplisse fidèlement les devoirs ; il sert à l'unité du poëme, comme Attila dans les *Nibelungen*, comme Charlemagne dans les romans carlovingiens ; il n'en est pas le principal héros. Mais comment le chef gallois a-t-il eu tout à coup l'Europe entière pour patrie? Comme il arrive souvent en histoire, c'est un événement politique qui a déterminé cet événement littéraire. Les Celtes vaincus rêvaient que le héros national sortirait de sa tombe le jour où les Anglo-Saxons connaîtraient à leur tour la servitude. La conquête normande accomplit la prophétie : elle marque, en effet, le second avénement d'Arthur ; il recouvra l'empire du monde; malheureusement pour les Gallois ce fut l'empire du monde des légendes.

Le goût des romans de chevalerie était déjà répandu en Europe, lorsque Guillaume le Conquérant conduisit au delà du détroit son armée grossie des aventuriers de toutes nations. Le cycle de Charlemagne s'était formé, et un passage souvent cité de Robert Wace nous apprend que le jongleur Taillefer chantait les exploits de Roland, au moment où s'engageait la bataille d'Hastings. Dans le même temps les Normands eux-mêmes s'en allaient *gaaignant* par le monde; ils s'établissaient en Italie; ils fondaient le royaume des Deux-Siciles. Fils de ces pirates du Nord qui se plaisaient à écouter les récits des Scaldes, ils n'avaient, dans leurs courses hardies, pas plus perdu le goût des récits que celui des aventures. Ils trouvèrent sur la terre Anglo-Saxonne l'histoire merveilleuse d'Arthur : elle les charma, et, grâce à eux, passa la mer et se répandit partout où allaient les Normands, c'est-à-dire par toute l'Europe. Et la littérature galloise trouva chez les Normands un accès d'autant plus facile qu'elle était pour un grand nombre de leurs auxiliaires une littérature presque nationale. Les Bretons du continent figuraient, en effet, dans l'armée de Guillaume; quelques-uns d'entre eux ne revirent point leur patrie, et les chants populaires de l'Armorique ont célébré leur malheur; mais un grand nombre aussi demeura en Angleterre pour prendre sa part dans la grande spoliation des vaincus. Le Domesday Book nous indique les nombreuses terres qui leur furent données; le duc de Bretagne, Alain, eut pour lui seul 442 fiefs, qui formèrent plus tard le comté de Richemont. Les Bardes gallois durent être accueillis par ces nouveaux seigneurs qui parlaient un dialecte de leur langue; et ainsi la connaissance des traditions galloises passa dans la noblesse, et de la noblesse dans le clergé anglo-normand, qui comptait plus d'un Breton dans ses rangs. Ce qu'avait omis la vieille légende latine de l'Ermite breton, les *Mabinogion* et les poésies des Bardes l'apprirent, et ainsi se constituaient les éléments d'un cycle nouveau, lorsque la chevalerie et les croisades hâtèrent sa formation.

La fin du xi⁰ siècle, qui vit l'Angleterre passer sous le joug des Normands, voit aussi la chevalerie se développer sous l'influence de l'Eglise. C'était une grande pensée que de donner au métier des armes une consécration religieuse, et d'imposer des devoirs à ces guerriers, habitués à ne reconnaître d'autre loi que la force. Mais, surtout dans les siècles barbares, les grandes pensées ont moins d'influence sur les hommes que les grandes actions; et quoique le but de la chevalerie n'ait jamais été atteint d'une manière complète, il l'eût été bien moins encore, si l'on n'eût proposé aux preux du moyen âge des modèles à imiter. L'histoire fabuleuse d'Arthur, par le merveilleux qui s'y était attaché dans les imaginations bretonnes et par le prestige de l'éloignement, se prêtait admirablement à être ainsi embellie par la fiction et à revêtir différents caractères suivant les pays et les âges qu'elle devait traverser. Les croisades donnèrent en même temps une plus grande extension à l'élément religieux au sein de la chevalerie, et quelques-uns des événements qui les signalèrent contribuèrent par une singulière coïncidence à accréditer la légende du Saint Graal. Les croisés, tout pleins du souvenir de la Passion, crurent retrouver en Palestine plus d'une relique de ce sacrifice mémorable. L'une d'elles, transportée à Gênes en 1101, fut longtemps célèbre sous le nom du *Sacro Catino*. C'était un vase d'émeraude, dans lequel, suivant la tradition, avait été instituée l'eucharistie. Les moines de Fécamp en

Normandie possédaient un autre saint Graal; ils conservaient dans une fiole de cristal du sang de Jésus-Christ, recueilli par Nicodème; et, empressés de réunir tous les documents qui pouvaient éclairer l'histoire de cette relique apocryphe, ils avaient rassemblé les légendes relatives au Saint Graal. Ces manuscrits sont maintenant perdus; l'héritage littéraire de l'abbaye de Fécamp ne se compose que d'une chronique monacale assez insignifiante (1); mais ils étaient célèbres au moyen âge, et furent consultés par Chrétien de Troyes (2). L'abbaye de Fécamp n'était pas la seule qui prétendît posséder quelques parcelles du sang du Christ; et jusqu'au XIIIe siècle, on envoya de la Terre sainte de semblables reliques (3). Vers le même temps, le dogme de l'eucharistie reçut une glorification nouvelle: au XIIe siècle, par la condamnation de l'archidiacre Bérenger de Tours; au XIIIe, par l'institution de la fête du Saint-Sacrement; et ce qui prouve bien que notre légende ne fut pour certains esprits qu'une sorte de représentation séculière de l'eucharistie, c'est que le Saint Graal a la forme d'un ciboire dans les vignettes de quelques manuscrits (4). Enfin, la

---

(1) *Chronicon Fiscanense.* — Cf. *Hist. litt. de la France*, t. XXI, p. 669.
(2)   Si com li contes nos afiche
      Qui a Fécamp est tôt escriz.
             (Chrét. de Troyes, *Perceval le Gallois.*)
(3) *Voy*. la note III à la fin du volume.
(4) C'est la forme sous laquelle il se présente dans les vignettes d'un ms. du Perceval (XIVe siècle). Bibl. Impér. Supplém. franç., 430. — Le « Sainct Graal de Gennes » a une tout autre forme : « Celuy très precieulx vaisseau.....

sainte lance fut, dans la première croisade, l'objet d'un débat célèbre entre les Normands et les Provençaux. Cette curieuse querelle, racontée par la plupart des chroniqueurs, fit impression sur les esprits; la vieille lance mystérieuse des bardes se confondit avec le fer sacré qui avait percé le corps du Christ, et resta inséparablement unie au mythe du Saint Graal (1).

Tout concourait donc à donner une immense popularité à ces vieilles traditions celtiques, rajeunies par les idées chrétiennes. Aussi, à peine la conquête normande est-elle consommée, qu'elles se répandent sur le continent. Dès les premières années du XIIe siècle, le trouvère normand Turold, dans son roman de la bataille de Roncevaux, place parmi les paladins de Charlemagne Gauvain, le chevaleresque neveu d'Arthur (2). Bientôt la faveur qu'Henri II accorde au cycle de la Table-Ronde lui assure la première place dans la littérature anglo-normande. C'est de son règne que datent en effet les premières rédactions françaises de ces fables. Il prenait plaisir à les entendre, et, soit par politique, soit que ces récits aient pu véritablement lui plaire, il ne négli-

---

est une esmeraulde faicte et entaillée en manière d'ung grant plat en largeur de deux palmes que nous Françoys appelons espans, de si très luysant lustre et tant verde couleur, que toute autre esmeraulde auprès d'elle est obscurcie, effacée, et de nulle monstre sans vertus. »

(1) Cf. surtout Raymond d'Agiles, l'historien des Provençaux qui tient pour la vérité du miracle, et Raoul de Caen, qui soutient la thèse contraire avec infiniment de verve et la subtilité d'un légiste bas-normand.

(2) L'abbé de la Rue, t. II, p. 64.

geait pas l'occasion de rendre hommage à la vieille littérature galloise : il fit chanter devant lui les poésies des bardes, lorsqu'en 1176 il traversa le pays de Galles pour aller en Irlande. Son chapelain, l'archidiacre d'Oxford, Gautier Map, ne dédaigna pas de rédiger le premier roman « des diverses questes du Saint Graal, » tandis que Geoffroy de Monmouth réunissait dans sa chronique toutes les vieilles légendes bretonnes. Luc du Guast met en français les aventures de Tristan ; son œuvre inachevée est continuée par le même « mestre Gautier Map, qui fist le propre livre de latin (1). » On lui attribue encore deux romans, traitant de la mort d'Arthur et des hauts faits de Lancelot. L'histoire merveilleuse du Saint Graal, traitée en prose par Robert de Borron, est mise en vers par un anonyme (2); André de

---

(1) *Voy.* l'abbé de la Rue, t. II, p. 234, et l'*hist. litt. de la France*, t. xv, p. 496. — Cf. le début du *roman de Rou* de Robert Wace.

(2) C'est le roman du S. Graal, publié par M. Fr. Michel, et attribué à tort par l'abbé de la Rue à Gautier Aupeis de Montbelliard. L'auteur se donne lui-même comme un abréviateur de Robert de Borron :

    Meistres Robers dist de Bouron,
    Se il voloit dire par non
    Tout ce qu'en cest livre afferroit,
    Presqu'a cent doubles doubleroit.
    Mais qui cest peu pourra avoir
    Certainement pourra savoir,
    Que s'il y vient de cuer entendre
    Assez de bien y pourra prendre.   (Vers 3155.)

Dans un autre passage, il dit qu'il ne pourrait traiter cette matière :

    Si je le grant livre n'avoie
    Ou les estoires sunt escrites.
    Par les granz clercs feites et dites :
    La sunt li grant secré escrit
    Qu'on numme le Graal, et dit.   (v. 932.)

Coutances tire de l'Évangile apocryphe de Nicodême son roman de la Résurrection de Jésus-Christ (1); un autre trouvère, Élie de Borron, traduit avec Rusticien de Pise l'*Historia Britonum* de Geoffroy de Monmouth. Cette même chronique de Geoffroy de Monmouth et le travail de Luc du Guast seront les sources où Robert Wace ira puiser son roman de *Brut,* long poëme où il raconte la généalogie fantastique des Bretons, telle que l'avait conçue la légende. Alors le cycle de la Table-Ronde est complétement formé ; les preux vassaux d'Arthur ont droit de cité dans tout le monde, et ces traditions sont tellement répandues, que Robert Wace peut les rappeler incidemment comme choses universellement connues (2). Mais l'auteur du *Roman de Rou*, plus historien que conteur, savait démêler quelque vérité dans ces fictions, et lui-même prend soin de nous avertir qu'en dépit des inventions des trouvères, il y a quelque chose de sérieux au fond des narrations fabuleuses de la vie d'Arthur :

> Ne tout mensonge, ne tout voir,
> Ne tout folor, ne tout savoir ;
> Tant ont li conteor conté,
> Et li fableor tant fablé
> Pour leurs contes embeleter,
> Qu'ils ont tout fait fable sembler.

Heureusement le moyen âge n'abhorrait pas les

---

(1) L'abbé de la Rue, t. II, p. 307.
(2)   Fist roi Arthur la Ronde Table
          Dont Bretons dient mainte fable.

fables, et celle d'Arthur fit ses délices, malgré ses invraisemblances. Les versions en prose ne suffisaient pas ; et dès qu'un trouvère avait quelque renom, le prince, son protecteur, lui donnait à versifier un récit de la Table-Ronde. Chrétien de Troyes nous apprend que la comtesse de Champagne lui donna ainsi la matière de *Lancelot du Lac*, et le comte de Flandre celle de *Perceval le Gallois* (1). Du reste, ni les jongleurs ni les trouvères n'avaient besoin de tels ordres pour chercher cette *matière de Bretaigne*, qui était pour eux la source de faciles succès. On put donner à Chrétien de Troyes le sujet de quelques-uns de ses poëmes, mais lui-même voulut écrire le *Chevalier au Lion*, et il en alla chercher, nous dit-il, le sujet dans un livre breton. Ce mot, si souvent employé par les conteurs de la Table-Ronde, désigne-t-il la Bretagne française ? L'abbé de la Rue, comme M. de la Villemarqué, veut trouver en Bretagne la patrie de la légende d'Arthur ; et, s'appuyant sur les textes du *Roman de Rou*, où sont énumérés les Bretons qui suivirent Guillaume en Angleterre, il explique, par leur mélange avec les conquérants, l'introduction des légendes arthuriennes dans la littérature anglo-normande. Un rappro-

(1)   Dont aura bien sauve sa paine
  Crestiens qui entent et paine
  A commencier le meilleur conte
  Qui soit contez en cort royal,
  Et c'est li livres du Graal
  Dont li Quens li bailla le livre.   (*Perceval le Gallois*, initio.)

chement littéraire semble aussi confirmer l'assertion de M. de la Villemarqué. Le chant de Lez-Breiz, l'un des plus curieux qu'il ait réunis dans sa belle collection, renferme quelques passages presque textuellement conformes au *Mabinogi* de Pérédur. En faut-il cependant conclure que l'histoire de Pérédur ne soit qu'une reproduction de la tradition armoricaine, et peut-on, à en juger du moins par les documents aujourd'hui publiés, étendre cette conclusion à tout le cycle arthurien?

Sans doute, au XIIe siècle, et l'Angleterre et le pays de Galles avaient cessé de porter le nom de Bretagne; mais les légendes qui en étaient originaires ayant été d'abord rédigées en latin, les mots *Britones* et *Britannia* s'y trouvaient employés pour désigner non pas l'Armorique, mais la vraie patrie des Bretons, l'Angleterre actuelle. Les trouvères traduisirent littéralement, sans s'inquiéter du lieu ; et ainsi ces vieux chants bretons altérés par la suite des temps, comme dit Guillaume de Malmesbury (1), seraient bien plutôt des *Mabinogion* que des lais armoricains. La réponse devient encore plus facile si l'on examine les sujets qui ont inspiré les deux littératures. Tout est plein du souvenir d'Arthur dans le pays de Galles; il est presque inconnu dans l'Armorique, et c'est à peine si l'on trouve quelques traces de sa mémoire dans le recueil, si complet d'ailleurs, de M. de la Villemarqué. Arthur

---

(1) Cantilenæ per successionem temporum detritæ.

est donc le héros national des Gallois, et non point de toute la race celtique; car s'il en était autrement, il eût été célébré partout avec le même enthousiasme. Sa légende s'est formée au delà du détroit, lorsque les Celtes insulaires n'avaient déjà plus de rapports avec leurs frères du continent; et, quoiqu'on n'ait pas à cet égard de documents certains, ce seraient plutôt les Bretons enrôlés sous la bannière de Guillaume qui l'auraient transmise à leurs compatriotes, bien loin de l'avoir portée eux-mêmes en Angleterre. En effet, tandis que la vieille littérature bretonne se tait sur Arthur, on voit au XIIIe siècle les rédactions latines des légendes anglo-normandes pénétrer en Armorique; la chronique de Geoffroy de Monmouth est mise en vers sous le titre d'*Historia Britonum versificata,* et dédiée à l'évêque Cadioc, qui occupa le siége de Vannes vers 1236 (1).

Il est vrai que Lez-Breiz est tout armoricain comme Arthur est tout gallois; mais si sa vie est incontestablement antérieure au développement du cycle de la Table-Ronde, la légende qui le célèbre, conservée par la tradition orale, et recueillie de nos jours, n'a en réalité point de date. Qui nous prouve qu'elle ne soit pas relativement fort récente? Ce qui pourrait le faire supposer, c'est que la conformité d'un chant armoricain et d'un *Mabinogi* est un fait unique dans la poésie populaire bretonne, telle que nous la présente le recueil de M. de la Ville-

---

(1) *Hist. littér. de la France,* t. XXII, p. 76.

marqué. Le *Mabinogi* de Pérédur s'appuie, au contraire, sur des données antérieures : il cite des récits contemporains (1); il fait allusion à toute une littérature dont nous retrouvons les traces dans le pays de Galles, dont nous ne découvrons aucun vestige en Bretagne. Enfin, sauf dans les romans provençaux et leurs imitateurs étrangers, tels que Wolfram d'Eschenbach, la scène des romans de la Table-Ronde est placée dans le pays de Galles ; les preux d'Arthur sont gallois ; l'Armorique n'est représentée à sa cour que par un seul prince, Houël, symbole du faible rôle qu'a pu jouer l'Armorique dans la conception de ces fables; car si les Bretons du continent les avaient inventées, ils n'auraient pas ainsi réduit leur chef au rôle d'un obscur vassal. Chez les trouvères, Arthur règne à Caerléon, à Cardueil (Carlisle), à Cardigan (2). Il en est de même chez Gottfried de Strasbourg, et chez les minnesinger qui ont puisé aux sources anglo-normandes. La ville de Karidol

---

(1) Ainsi au ch. 2, on poursuit le chevalier *qui avait partagé les pommes à la cour d'Arthur*, allusion à une tradition tout à fait distincte du *Mabinogi* de Pérédur. — Le ch. 27 se termine ainsi : « L'histoire ne rapporte rien de plus sur cette aventure de Gwalhmaï. » — Au ch. 30 : « Voilà ce qu'on raconte sur le château des merveilles, etc. »

(2)   La cour fu à *Cardueil en Gales*.
        Apres mengier parmi ces sales
        Les chevaliers s'atropelerent.
        La ou dames les apelerent
            (Chrét. de Troyes, *Yvain, le chevalier au lion.*)
        Qu'a jour de feste de S. Jehan,
        Est venus à Caradigan
        Ou la grant court iert assemblée.   (*Perceval le Gallois.*)

d'Hartmann von der Aue est évidemment Cardueil (1). Dans le roman en vers du Saint Graal, le vase sacré doit être porté *ès vaus d'Avaron*, c'est-à-dire dans cette île d'Avallon, l'Élysée des Celtes, où l'on plaçait le séjour d'Arthur. C'est la presqu'île de Glastonbury, où s'élevait une abbaye célèbre qui réunissait dans ses murs les souvenirs des traditions celtiques et chrétiennes : on y voyait une fontaine dédiée à saint Joseph d'Arimathie; et ce lieu était si bien consacré dans l'imagination des peuples, que la politique normande, un peu inquiète de ce retour si espéré d'Arthur, jugea prudent, en 1189, d'y faire retrouver son tombeau. Plus tard, on découvrit son diadème, qui fut solennellement réuni aux joyaux de la couronne, et ainsi investis comme par le jugement de Dieu de la succession d'Arthur, les Plantagenêts le laissèrent sans ombrage régner dans les fables (2).

Les Provençaux ont, il est vrai, déplacé la scène de ces légendes; mais si Arthur tient sa cour à Nantes, si le château où se gardent les précieuses reliques est en Espagne, les héros des fictions provençales appartiennent en quelque sorte au monde

---

(1)   Ez het der künec Artus
            Ze *Karidol* in sîn hûs
            Zeinen Pfingesten geleit
            Nach richer gewonheit.
            (Hartmann von der Aue, *Ywein, der Ritter zum Löwen*.)

(2) Cf. le *roman du Saint Graal*, éd. Fr. Michel, v. 3122 et suiv.; v. 3219 et suiv. ; et les notes de M. de la Villemarqué lui-même sur la ballade du frère de lait. *Chants populaires*, t. 1, p. 282.

entier, et promènent leur vie errante partout où s'étendirent le commerce et les armes des Européens pendant les croisades (1). La géographie de ces légendes ne peut donc révéler leur origine, et les événements qu'elles retracent leur assignent une date assez récente, évidemment postérieure à celle des rédactions anglo-normandes ; car les fables les plus anciennes sont toujours les plus courtes et les plus simples ; et, ainsi que l'a remarqué M. P. Paris dans son analyse du cycle de Guillaume au Court Nez (2), les romans où la généalogie du héros est la plus complète sont toujours les plus récents, les auteurs voulant ajouter à l'œuvre de leurs devanciers, et quand ils ne peuvent refaire la vie du héros, racontant au moins celle de ses aïeux. Or deux points, à peine indiqués dans la forme anglo-normande, ont été longuement développés par les Provençaux : la généalogie des rois du Graal, et l'organisation de la milice des templistes chargés de veiller à sa garde. Le *Parcival* de Wolfram, rédigé en grande partie du moins, comme nous le montrerons, d'après les légendes provençales, débute par une longue histoire de Gamuret, père du héros, histoire où il faut évidement reconnaître, avec M. Fauriel, la même

---

(1) Wolfram lui-même, bien qu'il fasse régner Arthur à Nantes, le fait dans un autre passage partir de Karidol pour aller à la recherche de Parcival :

          Welt ir nu bœrn wie Artûs
          Von Keridœl ûz sîne hûs
          Und ouch von sîne lande schiet....   (*Parcival*, 280, 1.)

(2) *Hist. littér. de la France*, t. XXII.

empreinte méridionale qui caractérise, chez les conteurs provençaux, la légende de Titurel (1).

Joseph d'Arimathie, l'apôtre des Bretons, s'efface en effet dans les légendes méridionales. Après la Cène, le Saint Graal a été emporté au ciel jusqu'à ce qu'il se trouvât sur la terre une race sainte digne de le posséder. Un prince d'Asie, Pérille, est la souche de cette noble lignée. Son fils Titurel reçoit en Gaule le Saint Graal de la main des anges, bâtit sur le modèle du temple de Salomon le magnifique monument où il le renferme, institue la chevalerie qui doit veiller sur ce dépôt sacré, lui donne des règles, lui impose des devoirs. Son fils Frimutelle lui succède; mais, épris de la belle Floramie, il perd la grâce par cet amour illicite, et périt dans un tournoi où il joutait en l'honneur de sa dame. Anfortas son fils est aussi puni pour avoir sacrifié à un amour trop profane; il n'a pu résister aux charmes d'une demoiselle nommée Orgueilleuse; il s'est fait son chevalier, oubliant ses devoirs de roi du Graal; il lutte pour elle contre un chevalier qui lui fait une dangereuse blessure dont son neveu Parcival pourra seul le guérir. Le dernier roi du Graal est seul vraiment digne de ce haut rang; mais comme la corruption va toujours croissant dans les contrées de l'Occident, Parcival, à la tête de ses chevaliers, transporte le vase saint en

---

(1) Fauriel, *hist. de la Poésie provençale*, t. II, p. 442.

Orient; et désormais sa légende se confond avec celle du prêtre Jean (1).

On reconnaît facilement dans cette transformation l'influence des croisades et le souvenir des expéditions d'Orient, qui avaient frappé vivement les peuples du Midi. Il n'est plus question, comme dans les *Mabinogion* ou chez les trouvères, de ces épreuves bizarres, de ces tentatives aventureuses qu'on imposait aux chevaliers; pour être admis dans la milice sainte, le templiste doit surtout combattre les infidèles; et la légende se souvient non-seulement des croisades, mais aussi de la résistance héroïque des chrétiens d'Espagne; car M. San Marte fait remarquer avec raison que le château de Montsalvat est communément placé sur les frontières de la Galice, là où le roi Pélage arrêta les progrès de l'invasion musulmane. Mais ce qui caractérise encore ces légendes, c'est l'égalité qu'on y accorde aux musulmans. Les guerriers maures et chrétiens luttent ensemble, mais observent dans le combat les règles de la plus stricte courtoisie. On est déjà au temps où le grand ennemi de la chrétienté, Saladin, n'était pas réputé indigne d'être fait chevalier, où Hugues de Tabarie rédigeait pour son instruction l'*Ordène de chevalerie*. Les héros ne se font point scrupule de s'engager sous les drapeaux d'un infidèle; Gamuret sert le kalife de Bagdad et contracte une union avec une princesse maure. Sans doute la haine de

(1) Cf. Fauriel, *Poésie provençale*, t. II, p. 132.

l'infidèle fut toujours moins forte chez les peuples du midi. Les villes arabes de l'Afrique et les cités commerçantes de la Provence et de l'Italie, réunies plutôt que séparées par la mer, comme l'a dit ingénieusement M. Michelet, oubliaient quelquefois la guerre sainte pour le commerce. Mais ce n'est guère qu'à la fin du XIIe siècle, après maint combat, que les deux races commencèrent à se regarder d'un œil plus humain; un conteur n'eût pas osé plus tôt montrer son héros servant un kalife ou partageant la couche d'une musulmane. Ces mœurs, inconnues aux romans français de la Table-Ronde, fixent donc la date plus récente des romans provençaux. L'union de la Normandie avec l'Angleterre avait introduit le cycle d'Arthur sur le continent, la réunion du Midi aux vastes États des Plantagenêts par le mariage d'Éléonore de Guienne avec Henri II, favorisa sans doute le passage de ces mêmes légendes dans le Languedoc et la Provence. Le conteur auquel Wolfram dit avoir emprunté le sujet de son poëme, le Provençal Kiot, prétend avoir puisé à deux sources l'histoire du Saint Graal. Il a consulté, dit-il, un manuscrit païen à Tolède, mais il a suivi surtout la chronique d'Anjou. Sans doute, rien n'est plus problématique que l'existence de Kiot; mais quelques doutes que soulève ce nom bizarrement défiguré, le témoignage formel de Wolfram, non moins que la contexture de son poëme, attestent qu'il imite surtout les Provençaux. C'est donc d'une légende provençale qu'il a tiré cette étrange indication des sources de sa légende. Le manuscrit de Tolède est apocryphe; les conteurs du moyen âge aimaient à citer ainsi quelque autorité extraordinaire, afin de donner plus de valeur à leurs propres conceptions. Quant à la chronique d'Anjou, ce n'est sans doute que la copie d'une légende anglo-normande; l'Anjou servait d'intermédiaire entre les nombreuses provinces soumises à ses anciens comtes, entre la Normandie et la Guienne. Il fut même considéré comme la terre natale de ces légendes;. car dans Wolfram, c'est le comté d'Anjou et non point l'Asie qu'on donne pour berceau à la lignée des rois du Graal. Cette transformation nouvelle, qui se retrouve peut-être dans d'autres romans (1), ne serait-elle pas une flatterie à l'adresse des rois d'Angleterre? Ils ne dédaignaient pas les légendes qui relevaient l'éclat de leur race, et il n'était pas malhabile à un conteur de rattacher la royauté du Graal, la plus auguste de la terre, aux vieilles dynasties des Ingelgériens et des Plantagenêts. Quoi qu'il en soit, cette extrême facilité des Provençaux à déplacer la scène des événements qu'ils racontent, démontre qu'il ne faut pas tenir compte de la géographie de leurs légendes. M. Fauriel cite lui-même un romancier, l'auteur de *Girard de Roussillon,* qui fait de la Bourgogne le théâtre des exploits d'Arthur (2). Assurément per-

---

(1) M. Fauriel (t. II, p. 444) signale dans la poésie des troubadours d'évidentes allusions à la légende du Graal, telle que l'a conçue Wolfram d'Eschenbach.
(2)   Artus de Cornualha
      Que ja fetz en Borgogna una batalha.

sonne n'est tenté de placer en Bourgogne l'origine du cycle arthurien. Le Midi doit donc aux hommes du Nord les récits de la Table-Ronde, et ceux-ci les doivent eux-mêmes aux Gallois. Seulement l'élément mystique de ces légendes, le mythe du Saint Graal, prit sous le ciel de la Provence de plus amples développements.

Il ne faut pas en faire honneur à la piété des Provençaux. Leur littérature est en général trop légère pour voir dans ce fait l'expression d'un sentiment national; et la longue liste donnée par M. Fauriel des poëtes qui ont raconté les aventures de Tristan prouve qu'ils ne recherchèrent pas toujours ce qu'il y avait de plus chaste dans le cycle de la Table-Ronde. L'histoire peut encore expliquer ce rôle de la milice sainte dans les romans provençaux du Saint Graal. Ces légendes arrivent en Provence au XIIe siècle et sont contemporaines de l'établissement des Templiers dans le pays (1); et la présence de cette milice, instituée pour défendre le tombeau du Christ, put inspirer aux conteurs cette organisation religieuse des chevaliers du Saint Graal. Enfin l'Église, après avoir voulu épurer les instincts grossiers du moyen âge par la chevalerie, essayait d'épurer la chevalerie elle-même en étendant son influence

---

(T. III, p. 472. — Liste des romans provençaux perdus relatifs à la Table-Ronde et au S. Graal.)

(1) Roger III, comte de Foix, fonda, en 1136, la première maison que les Templiers possédèrent en Europe. En 1142, Raymond Bérenger IV les accueillit dans ses États.

sur les légendes. Le mythe du Saint Graal, complété en quelque sorte par l'institution des templistes, lui donnait l'occasion d'opposer une chevalerie toute *célestienne*, pour parler comme nos vieux romans, à la chevalerie *terrienne*, dont les preux ne savent pas fuir le péché (1). Mais comme cette explication religieuse de ces légendes ne put être adoptée par l'Église que lorsqu'elles devinrent populaires, il est naturel qu'on en retrouve surtout les traces dans les romans provençaux, les derniers en date, bien que cette interprétation mystique ne soit pas tout à fait absente des récits en langue d'Oïl.

Cette tentative, comme presque toutes celles qui ont pour but de rendre les hommes meilleurs, ne fut couronnée que d'un demi-succès. Le cycle de la Table-Ronde s'était bien écarté de l'innocence des *Mabinogion;* un amour léger et profane avait remplacé la chaste courtoisie qui faisait le charme des premières légendes, et le moyen âge, qui était loin d'abhorrer les scandaleux récits, rechercha avec empressement dans les traditions bretonnes ce qui pouvait exercer la verve caustique de ses conteurs.

---

(1) Cf. Fauriel, *Poésie prov.*, t. II. « L'autre jour, jour de la Pentecôte, les chevaliers *terriens* et les chevaliers *célestiens* commencèrent ensemble chevalerie, et combattirent les uns contre les autres. Les chevaliers qui sont en péché mortel, ce sont les chevaliers terriens ; les vrais chevaliers, ce sont les chevaliers célestiens qui commencèrent la quête du S. Graal. Les chevaliers terriens qui avaient des cœurs et des yeux terrestres, prirent des couvertures noires, c'est-à-dire qu'ils étaient couverts de péché et d'ordure ; les autres qui étaient les chevaliers célestiens prirent des couvertures blanches, c'est-à-dire virginité et chasteté. »

La gloire et le bonheur d'Arthur ne sont pas, en effet, sans mélange. Les brillantes qualités de son épouse Gwenhywar, la reine Genièvre des trouvères, ne rachètent pas quelques-uns de ses défauts ; son humeur altière trouble la paix de la cour, et M. de la Villemarqué en a cité pour exemple un curieux dialogue où elle prend à tâche de contredire son mari (1). Et plût à Dieu qu'elle n'eût été qu'altière ! car, si elle écoutait peu son mari, elle écoutait trop les chevaliers ses vassaux, et les romans de la Table-Ronde nous entretiennent plus d'une fois de ses faiblesses. Que sera-ce si l'on parcourt les aventures de Lancelot, de Tristan ; si l'on songe à ces périlleuses maximes, à ces ardeurs coupables accueillies par les conteurs avec une indulgence que Dante fait expier à Arnaud Daniel dans les flammes du purgatoire (2)? Cette galanterie sensuelle tient sans doute moins de place dans les fictions du Saint Graal ; mais les héros des autres romans y figurent parfois à côté de Perceval, et son ami Gauvain est loin d'être exempt de tout reproche ; les scandales de la cour d'Arthur ont même rejailli jusque sur le plus chaste de ses héros. Les fables galloises parlaient du manteau de Tégau, qu'une femme irréprochable pouvait seule porter. Dans un conte célèbre (3), la fée Morgane donne à Arthur ce vêtement mystérieux, qui, revêtu par une

---

(1) *Contes populaires des anciens Bretons,* t. i, p. 21.
(2) *Purgat.,* cant. xxvi, terz. 142.
(3) Le conte du *Court Mantel.* Cf. *hist. littér. de la France,* t. xix, p. 716. — Une épreuve semblable est faite dans le roman de *Lancelot du Lac.*

femme, devient aussitôt trop long ou trop court si elle a été infidèle. On fait un essai, fatal à toutes les dames, à commencer par la reine; une seule est absente, on la fait venir presque par force, et le manteau lui sied à merveille : c'était l'amie du brave Caradoc, seule fidèle dans cette cour volage; mais la dame des pensées de Perceval a succombé à l'épreuve. Les chevaliers du Saint Graal ne sont donc pas toujours à l'abri des atteintes de cette littérature trop légère, et les romans qui célébraient leurs exploits furent souvent délaissés pour de moins sages récits. D'ailleurs comment les légendes galloises ne se seraient-elles pas altérées au contact de la cour des Plantagenêts, si cruelle et si corrompue, confiées à la plume satirique des écrivains normands, aux malins commentaires des ménestrels, et traduites plus tard dans le Midi par les législateurs des cours d'amour et les interprètes du gai savoir? La valeur se subordonna à la galanterie; on oublia les exploits pour leur récompense. Ce n'est certainement pas pour leur bravoure que Lancelot et Tristan furent si populaires; on dédaignait en leur faveur les grands coups d'épée des chevaliers templistes, et il en fut un peu de cette société du moyen âge comme de la belle maîtresse de Florimont :

> La pucele bien apprenoit ;
> En lisant trouvoit ès auctors
> Et de batailles et d'amors ;
> Mais ès amors plus entendoit
> Que ès batailles ne faisoit (1).

(1) *Roman de Florimont*, cité par M. Géruzez, *Hist. de la Littér. franç.*

Cette métamorphose générale des conceptions les plus pures explique la prédominance des éléments immoraux du cycle de la Table-Ronde sur le mythe du Saint Graal. Aussi comprend-on le sens défavorable qui s'est attaché au mot roman, et les sévères censures des hommes les plus graves du moyen âge. Pierre de Blois flétrit les fables de la Table-Ronde au nom d'une austère morale qui fait pressentir les anathèmes de Bossuet contre la comédie. « Point de ces larmes inutiles qu'arrachent les malheurs des héros de romans; la pitié du chrétien doit se réserver pour les souffrances de la Passion. Vous qui pleurez sur le Christ, vous consentez à pleurer sur Arthur; aussi tous vos pleurs ne vous seront comptés pour rien (1). » L'arrêt est dur, mais le désordre était immense; et il était plus facile d'interdire la lecture des romans que de les corriger.

Il y avait donc un danger réel pour l'Allemagne à recevoir des cycles légendaires égarés dans des voies aussi profanes; mais le caractère sérieux de la muse allemande sut leur rendre un peu de leur pureté primitive. Les conteurs français et provençaux donnent à Wolfram d'Eschenbach la fable du Graal, les preux de la Table-Ronde prennent rang dans son œuvre tels que les a faits cette longue série d'aventures et de transformations; mais Wolfram rend à la légende sa véritable physionomie chevale-

---

(1) Qui compateris Deo, compateris et Arturo; ideoque utrasque lacrymas pariter perdis.

resque et religieuse ; le sentiment de l'amour domine tout son poëme, aussi chaste que l'a pu jamais concevoir le moyen âge : son héros est digne de servir de modèle aux plus braves comme aux plus pieux guerriers. Il était donc nécessaire, avant d'étudier cette grande et belle figure de Parcival, de savoir ce que Wolfram avait répudié, ce qu'il avait accepté dans le vaste héritage littéraire du cycle de la Table-Ronde ; il fallait remonter à l'origine de ces traditions dont le *Parcival* est un noble et dernier écho. Il y a loin, en effet, de l'anecdote de Bran le Béni à la royauté théocratique du Graal, et on devait parcourir les anneaux de cette longue chaîne, pour comprendre par quels circuits une fable galloise va inspirer les chants d'un minnesinger, et comment on la retrouve transformée si loin de son berceau,

Tant ont li conteor conté,
Et li fableor tant fablé.

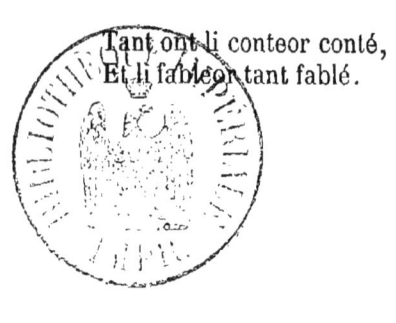

CHAPITRE III.

**Développements de la légende :
Le Mabinogi de Pérédur. — Le Perceval Français. — Le Parcival
de Wolfram.**

Si l'imagination des conteurs a moins transformé le guerrier Pérédur que l'antique bassin de Bran le Béni, il ne faut pas croire cependant qu'un Gallois du vi{e} siècle eût facilement reconnu l'un de ses frères d'armes sous la magnifique armure des rois du Saint Graal. Laissons donc parler le vieil auteur du *Mabinogi;* nous serons d'abord tout étonnés de la simple et pauvre allure du héros; mais nous savons maintenant comment la légende lui a élevé un trône dans la suite des âges, et nous sommes assurés de l'y retrouver assis.

Le comte Evrawc est mort à la guerre avec six de ses fils; son seul héritier est un jeune enfant, Pérédur. Sa mère, pour le préserver des chances meurtrières des combats, se retire avec lui dans un désert, ne lui donne pour compagnons que des serviteurs faibles et timides, et défend surtout qu'on lui parle de chevalerie; elle tolère cependant, lorsqu'il a grandi, qu'il exerce son adresse à lancer le javelot. Mais un jour, trois guerriers apparaissent chevauchant sur la lisière de la forêt : « Ma mère, dit Pérédur, qu'est-ce que ceux-ci ? — Mon fils, ce sont des anges. — Par ma foi ! je veux devenir ange comme eux. » Et il va à leur rencontre. — « Chère âme, lui dit l'un d'eux, as-tu vu passer aujourd'hui ou hier un chevalier ? — Je ne sais, répond-il, ce que c'est qu'un chevalier. — Un homme tel que moi. — Réponds à la question que je vais te faire, et je répondrai à celle que tu m'as faite. Qu'est-ce que ceci ? » Il lui montrait la selle, et il lui demande successivement le nom et l'usage de chaque pièce de son armure ; puis, quand il a satisfait son ardente curiosité, il apprend au chevalier qu'en effet il a vu passer un homme semblable à lui. Et de retour à la maison : « Ma mère, dit-il, ce n'étaient pas des anges, mais de braves chevaliers. » A ces mots, sa mère tombe pâmée ; mais lui court à l'écurie, prend le meilleur des chevaux qui transportaient le bois et les vivres dans ces lieux déserts ; d'un sac il se fait une selle, des branches tordues lui tiennent lieu de harnais, et sa mère, le voyant inébranlable dans sa résolution de devenir chevalier, lui adresse avant son départ ses derniers avis, mélange singulier de préceptes pieux et de conseils bizarres : « Qu'il aille à la cour d'Arthur, car c'est là que sont les plus nobles des hommes ; qu'il ne passe point devant une église sans dire une prière ; là où il trouvera des vivres, qu'il en use librement, quand même on ne les lui offrirait pas ; s'il entend des cris de détresse, qu'il aille au secours, surtout s'ils sont poussés par une femme; s'il voit un beau joyau, qu'il s'en rende maître, afin de le donner à un autre et de s'attirer ainsi ses louanges; enfin qu'il rende ses hommages aux belles femmes, qu'elles y consentent ou non. »

Après cet entretien, Pérédur monta à cheval; et, saisissant une poignée de dards, il partit. Deux jours entiers il erra sans nourriture; enfin il arriva dans une vaste forêt, et vit dans une clairière une tente fort bien ornée; s'approchant de la porte, il aperçut sur un siége d'or une femme richement parée; sur son front était un diadème, à son doigt, un magnifique anneau. Il descend de cheval, entre, et la dame, réjouie de son aspect, lui souhaite la bienvenue. Un repas était préparé; aussitôt il prend la moitié des provisions, et, après avoir apaisé sa faim, se met à genoux devant la dame : « Ma mère, lui dit-il, m'a recommandé, quand je verrais un beau joyau, de m'en emparer. — Prends, mon âme, » répond-elle; et Pérédur, rassasié et maître de l'anneau de sa belle hôtesse, continue son voyage. Comme il venait de partir, revint le chevalier maître de céans; les traces du cheval de Pérédur lui révélèrent la visite d'un étranger; et, soupçonnant, malgré les protestations de sa femme, que son honneur était outragé, il jura qu'elle ne coucherait pas deux nuits de suite dans le même lieu avant qu'il n'eût vengé cette injure; et, l'emmenant avec lui, il se mit à la recherche de Pérédur.

Cependant notre héros approche de la cour d'Arthur. Peu d'instants avant son arrivée, un chevalier est entré dans la salle où se rassemblent Arthur et ses preux, Gwenhywar et ses femmes ; un page tenait à la main une coupe d'or pleine de vin : le chevalier l'a saisie, a jeté le vin au visage de la reine, et l'a frappée en disant : « Si quelqu'un veut me reprendre cette coupe et venger l'outrage de Gwenhywar, qu'il me suive sur la prairie ; c'est là que je l'attends. » Et toute la cour est restée muette. En ce moment entrait Pérédur ; il rencontre Kai, le majordome, et demande Arthur pour qu'il lui confère l'ordre de chevalerie. Kai le reçoit avec mépris. Alors un nain et une naine, qui, depuis un an hôtes du château, n'avaient pas encore proféré une parole, saluent Pérédur, l'appelant le premier des braves, la fleur de la chevalerie. Indigné d'une prédiction si peu d'accord avec l'apparence de l'étranger, Kai frappe brutalement le nain et la naine, qui tombent sans connaissance sur le sol. Puis, s'adressant à Pérédur : « Va, lui dit-il, vers le chevalier qui est sur la prairie ; prends-lui la coupe ; empare-toi de son cheval et de ses armes, et tu seras digne alors d'être ordonné chevalier. — Ainsi ferai-je, » repart Pérédur ; et il dirige son cheval vers la prairie.

Le combat n'est ni long ni douteux. De l'un de ses dards, Pérédur traverse la tête de son adversaire, qui tombe sans vie. Mais le vainqueur, inhabile, ne sait comment détacher les diverses pièces de l'armure. Owain, qui venait s'informer de l'issue du combat, l'aide dans cette tâche, et, surpris d'une victoire aussi inespérée, veut conduire le jeune homme vers Arthur. Il refuse : « Reporte, dit-il à Owain, cette coupe à Gwenhywar ; dis à Arthur que je suis son vassal, mais que je ne me montrerai pas à sa cour tant que je n'aurai pas vengé l'insulte faite au nain et à la naine. » Pérédur part, rencontre bientôt un chevalier qui insulte les preux de la Table-Ronde ; il le défait, et l'envoie à la cour d'Arthur faire hommage au roi et reporter à Kai les mêmes menaces.

Cependant Pérédur triomphe de ses adversaires sans connaître encore le maniement des armes ; sa course errante le mène à un château où un vénérable vieillard l'accueille, lui révèle qu'il est son oncle, lui enseigne à se servir de l'épée et à se conduire en vrai chevalier. Surtout il lui recommande de se garder de toute question indiscrète ; et s'il voit quelque chose qui l'étonne, d'attendre qu'on lui en donne l'explication.

La suite du récit nous montre Pérédur dans un château affamé. La noble châtelaine, restée orpheline, a refusé la main d'un comte qui, pour se venger, a ravi ses domaines et assiégé ce château, son dernier asile. Des religieuses, auxquelles le respect dû à leur habit assure un libre passage, peuvent seules apporter de temps en temps quelques vivres aux assiégés. Pérédur se constitue le champion de la dame ; pendant trois jours, il tue ou fait prisonniers ses ennemis ; enfin, le comte lui-même succombe ; il est contraint de rendre ses biens à la jeune châtelaine et de lui faire hommage pour ses propres domaines. Pérédur sème ainsi partout des bienfaits sur sa route. Rencontrant la dame sur laquelle, au début de sa vie errante, il avait fait planer un injuste soupçon, il devient le champion de son innocence et la réconcilie avec son mari. Cependant Arthur, ému du bruit de tant d'exploits, part à la recherche du vaillant chevalier. La cour de la Table-Ronde a déployé ses tentes non loin d'un ermitage où Pérédur a passé la nuit. Le matin, le héros sort, la terre est couverte de neige. Devant l'ermitage gisait une sarcelle qu'un faucon avait tuée ; le bruit du cheval avait fait fuir le faucon, et un corbeau s'était abattu sur l'oiseau pour en dévorer la chair. Pérédur s'arrêta, comparant la noirceur du corbeau, la blancheur de la neige, la rougeur du sang, aux cheveux noirs de sa bien-aimée, à sa peau plus blanche que neige et aux pommettes de ses joues plus roses qu'un sang vermeil. Comme il était plongé dans cette rêverie, Arthur l'aperçut, et envoya un jeune homme de sa cour savoir qui était ce chevalier. Pérédur ne répondant pas, le jeune homme le heurta de sa lance ; mais le héros, irrité, le repoussa si rudement, qu'il le renversa de cheval. Vingt-quatre autres jeunes gens qui s'approchent ont le même sort ; enfin, Kai lui-même tente la fortune ; mais Pérédur, le frappant par-dessous la mâchoire avec le fer de sa lance, l'enlève en l'air, et le rejette si violemment sur le sol, qu'il lui casse le bras et l'os de l'épaule, puis il le foule vingt et une fois sous les pieds de son cheval.

On reporte Kaï dans sa tente; et le sage Gwalhmaï, plus heureux, parvient enfin à tirer Pérédur de sa rêverie par de douces paroles; notre héros est amené par lui à la cour d'Arthur, impatiente de le contempler; et dès lors se forme entre Pérédur et Gwalhmaï cette amitié célèbre, qui doit franchir le cercle étroit de la littérature galloise et unir à jamais, dans les romans de la France et de l'Allemagne, le magnanime Gauvain et le chaste Perceval.

Cependant, la première nuit que Pérédur passe à la cour d'Arthur, il rencontre Angarad à la Main d'Or : « Par ma foi! ma sœur, lui dit-il, tu es une belle et aimable fille; s'il te plaisait, je t'aimerais par-dessus toutes les femmes. — Par ma foi! répondit-elle, moi je ne t'aime pas et ne t'aimerai jamais. — Eh bien! reprit Pérédur, j'en prends Dieu à témoin, je ne parlerai à âme chrétienne que tu ne sois parvenue à m'aimer par-dessus tous les hommes. » Pérédur quitte la cour, et, fidèle à son serment, accomplit encore d'autres exploits sans proférer une parole; il revient pour un tournoi où il triomphe de tous ses adversaires; on admire la valeur du *jeune muet,* et Angarad à la Main d'Or lui dit : « Il est fâcheux que tu ne puisses parler, car il me semble que je t'aimerais plus que tous les autres hommes. » Pérédur recouvre la parole à ce doux aveu, et reconnu bientôt et fêté par toute la cour, il épouse Angarad, et reste au service d'Arthur.

Telle est, réduite à ses éléments essentiels, la légende de Pérédur (1), légende sans doute plus récente que celle de Bran le Béni. Nous sommes, en effet, bien loin de ce vieux paganisme celtique qui a évidemment inspiré la fable du Bassin ; les deux faits dont l'Europe subit l'influence, le christianisme et la chevalerie, ont eu le temps de faire invasion jusque dans la littérature galloise. Le catholicisme, dont les *Mabinogion* conservent de si rares empreintes, a passé sur ce récit ; nous reconnaissons sa trace aux pieuses recommandations de la mère de Pérédur, au respect qu'on porte aux religieuses qui traversent sans péril une campagne infestée d'ennemis, pour nourrir les assiégés d'un château. La féodalité n'y est pas seulement représentée par ce vasselage qui retient à la cour d'Arthur les preux de la Table-Ronde ; car la vieille organisation des clans suffirait à expliquer cette dépendance ; mais déjà se fait sentir l'influence des mœurs féodales : on érige en maxime que celui qui a privé une femme de son défenseur naturel doit réparer le tort qu'il a causé, fût-ce par l'offre de sa main. « Je te ferai grâce, dit Pérédur à un chevalier qui a tué l'époux de sa sœur de lait, à condition que tu prendras cette femme en mariage ; et tu lui rendras tout l'honneur et le respect que tu lui dois, ayant tué son mari sans raison (2). » Et cette loi semble également juste aux deux partis.

---

(1) *Mabinogi of Peredur*, dans la collection de lady Charlotte Guest, t. I. M. San Marte l'a traduit en allemand (*die Arthursage*, p. 170), et M. de la Villemarqué en français (*Contes populaires des anciens Bretons*, t. II).

(2) *Mabinogi de Pérédur*, ch. 10.

C'est ainsi que dans le *Chevalier au Lion*, Lunette persuade à sa maîtresse d'épouser Yvain, qui seul pourra la défendre, puisque seul il a pu tuer son mari, jusque-là invincible; et à l'autre extrémité de l'Europe, Chimène n'exprime pas un autre sentiment dans le Romancero espagnol, lorsqu'elle demande au roi la main du meurtrier de son père : « Tiens tes cortès, ô roi! que personne ne les soulève; et celui qui tua mon père, donne-le-moi pour égal; car celui qui m'a tant fait de mal me fera, je sais, quelque bien (1). »

On peut même, en étudiant le *Mabinogi de Pérédur*, y reconnaître un premier progrès de la légende au sein de la littérature galloise, et comme un premier pas vers ses futurs développements. Le *Mabinogi* se divise en trois branches. C'est de la première que nous avons extrait cette rapide esquisse; car c'est elle qui est le thème primitif, essentiel, non-seulement de la légende de Perceval et de tous les romans qu'elle inspira, mais encore d'autres récits qui eurent sur le continent quelque célébrité. La fable de *Frégus et Galienne* n'est qu'une reproduction des principales circonstances de notre conte gallois, et ce sont les mêmes situations qu'on retrouve dans le chant breton de *Lez-Breiz* (2). Mais deux autres branches sont venues s'ajouter à la première; Pérédur devient l'époux d'une impéra-

---

(1) *Romancero*, trad. de M. Damas Hinard, t. II, p. 21.
(2) *Voy.* à la fin du volume les notes IV et V.

vice, et l'honneur d'un tel hymen est comme un ressentiment de la royauté du Saint Graal. Enfin, on entrevoit confusément, dans la suite des aventures, les éléments qui constitueront plus tard la légende du vase sacré. Seulement toute interprétation mystique en est encore bannie. Lorsque Pérédur reçoit pour la première fois l'hospitalité chez un de ses oncles, il arrive au bord d'un lac, et voit dans une barque un vénérable vieillard, boiteux par suite d'une blessure, qui s'occupe à pêcher avec ses serviteurs. C'est le portrait du roi Pêcheur chez tous les romanciers du Saint Graal, et cependant ce n'est pas chez lui que Pérédur verra un vase mystérieux. C'est le lendemain, chez un autre de ses oncles, que pendant le souper il voit s'avancer dans la salle un cortége bizarre. On porte une lance d'où tombent trois gouttes de sang; puis, dans un bassin, une tête sanglante; à cette vue toute la compagnie éclate en sanglots; mais Pérédur, à qui le premier de ses oncles a défendu toute question indiscrète, s'abstient de demander l'explication de cette apparition étrange, et la première version garde ensuite sur cette aventure un silence absolu. Au commencement de la troisième branche, paraît enfin à la cour d'Arthur une jeune fille qui accable Pérédur de reproches, parce qu'il n'a pas demandé l'explication de ce mystère; on apprend, plus tard, que cette tête était celle d'un cousin de Pérédur, mis à mort par les sorcières de Kerloiou. Pérédur combat les sorcières, les immole, et sa vengeance termine le récit (1). La fable était-elle plus complète dans d'autres traditions galloises? C'est ce que pourraient faire supposer d'évidentes allusions à d'autres traditions auxquelles se réfère l'auteur inconnu du *Mabinogi*. Nous reconnaissons dans les histoires de Bran et de Pérédur les divers éléments de notre légende; mais le moment où ils se sont combinés nous échappe, et nous les retrouvons déjà confondus dans les œuvres des trouvères.

La plus remarquable expression de la légende du Saint Graal dans la langue d'oïl est le roman de *Perceval le Gallois*, curieux ouvrage qui manque malheureusement d'unité. Quatre conteurs, en effet, en ont successivement rédigé les diverses parties. Chrétien de Troyes, sur l'ordre du comte Philippe de Flandre, entreprit de raconter l'histoire du Graal; après lui trois autres trouvères, Gautier de Denet, Gerbert, et Manessier, continuèrent cette narration sans cesse interrompue et toujours reprise (2), jusqu'à ce que le dernier, ayant à peu près

---

(1) *Mabinogi de Pérédur*, ch. 25, ch. 31.
(2) Tous ces continuateurs se sont nommés dans le roman :

    Gautiers de Denet, qui l'estoire
      A mis chi aprez en memoire.....

(Le ms. n° 430 du supplém. franç. donne à Gautier de Denet le nom de Gauther de Doulenz.)

    Si com li livre li aprent
    Ou la matere en est escripte;
    Gerbers, qui nous le traite et dite
    Puis en encha que Percevax
    Qui tant ot paines et travax,
    La bone espee rasalsa.....

puisé le répertoire des aventures attribuées à son héros, écrivît à la fin du manuscrit : « Explicit li romans de Percheval. » Ce procédé de composition, si fréquent au moyen âge, est fort simple ; mais a le grave inconvénient d'aboutir à des œuvres sans caractère, d'où par conséquent la vraie poésie est absente, et ne peut être remplacée par la grâce accidentelle des détails. C'est plutôt un recueil de fables qu'une œuvre d'art ; il faut, chez les continuateurs de Chrétien, tourner mainte page avant de trouver un épisode remarquable, ou réellement essentiel à notre légende ; et cette infériorité frappe encore plus, quand au *Perceval* français on compare le *Parcival* de Wolfram, qui, malgré bien des hors-d'œuvre, est dominé tout entier par une grande et unique pensée.

Perceval, dernier fils d'une veuve dont le mari et les deux fils aînés ont péri dans les combats, a été emmené dans une forêt solitaire avant qu'il ait pu entendre parler de chevalerie, et sa mère veille avec soin à ce qu'on ne lui révèle pas ce funeste secret. Seulement les mœurs chevaleresques ont remplacé l'antique simplicité rustique des *Mabinogion* : cette retraite au milieu de la forêt est un manoir seigneu-

<small>Si com Manesiers le temoigne,
Qui a fin trait ceste besoigne.....

Cf. l'ouvrage récemment publié par le Dr Holland : *Crestiens von Troies, ine literaturgeschichtliche Untersuchung*, Tübingen, 1854. Je dois aussi remercier de ses obligeantes indications M. Michelant, qui prépare en ce moment une savante édition de Chrétien de Troyes.</small>

rial, et le jeune homme chasse à cheval les daims (
les cerfs des environs. C'est en chevauchant par ur
belle matinée de printemps, qu'il rencontre l(
chevaliers dont la vue va lui révéler tout un monc
nouveau. Nous citons les vers de Chrétien qui n
manquent pas de grâce ; la nature y apparaît tout
riante, et semble saluer l'entrée du héros dans l
carrière :

> Ce fu au tans qu'arbre florissent,
> Fuelles, boscage, pré verdissent,
> Et eil oisel, en lor latin,
> Dolcement chantent au matin,
> Et tote riens de joie enflame,
> Que li fils a la veufve dame.....
> Fors del manoir sa mere issi.

Cinq chevaliers se trouvent tout à coup sur s
route ; le jeune Perceval se trouble à l'aspect de ce
être inconnus :

> Si dist lors toute sa créance,
> Et oroison que il savoit.

Les chevaliers lui demandent s'il a vu passer u
homme armé ; au lieu de leur répondre, Perceva
les accable de questions sur les diverses parties d
leur armure, puis les conduit vers les laboureu
de sa mère dont ils obtiennent enfin les rensei
gnements désirés. De retour au manoir, il appren
à sa mère qu'il veut être chevalier ; en vain pour l
détourner de ce projet, elle lui raconte la mort fu
neste des siens, Perceval ne se laisse pas fléchir
Alors sa mère surmonte sa douleur, la fierté d

sang se réveille; elle rappelle à Perceval le souvenir de son père, non plus pour l'effrayer, mais pour qu'il reste digne de sa noble origine :

> De ce me puis-je bien vanter
> Que vous ne decheez de rien
> De son lignage ne du mien.

Cependant un dernier espoir lui reste : si son fils éprouvait au début quelque aventure fâcheuse, peut-être reviendrait-il auprès d'elle mener une vie plus paisible. Elle le revêt donc d'habits de fou, lui recommande, s'il rencontre de belles dames, d'obtenir de gré ou de force leur anneau et leur baiser ; à ces conseils s'ajoutent les mêmes avis pieux que dans le *Mabinogi*. Perceval part; comme Pérédur, il trouve dans une tente une dame à qui il ravit son anneau, arrive enfin à Cardueil à la cour d'Arthur, et en entrant va brutalement heurter le roi. Arthur est en proie à une mélancolie profonde; pendant un banquet un chevalier est venu lui enlever sa coupe d'or, défiant tous les preux de la Table-Ronde de la reconquérir. On promet à Perceval l'ordre de chevalerie au prix d'un tel exploit; le jeune héros tue le chevalier, reprend la coupe et lui enlève son armure.

Les premiers épisodes du roman de Chrétien de Troyes sont donc un assez fidèle écho de la tradition galloise. Nous la reconnaissons lorsque Perceval délivre une noble demoiselle, appelée Blanchefleur, assiégée dans son château ; nous la retrouvons encore fidèlement suivie quand Perceval reçoit l'hospitalité d'un vieux châtelain, qui l'instruit des règles de la chevalerie, et, le jugeant digne d'en porter les insignes, lui chausse l'éperon d'or. Mais au banquet où Perceval voit apparaître le vase mystérieux la légende s'est transformée : c'est le Saint Graal qu'on apporte dans la salle du festin. Un valet entre, tenant une lance d'où découle une goutte de sang ; après lui viennent deux nobles demoiselles l'une a dans les mains un *Tailloer* ou couteau d'argent, l'autre, un vase de l'or le plus pur. Le noble châtelain qui donne l'hospitalité à Perceval, l'a fait placer à côté de lui ; une blessure le retient sur son riche siége de velours ; il regarde d'un œil triste la cérémonie qui s'accomplit devant lui. Perceval la contemple avec étonnement ; il veut en demander l'explication, mais il n'ose :

> Celui qui chevalier le fist,
> Qui li enseigna et l'apprist
> Que de trop parler se gardast....
> Pour ce ne le demanda mie.

Le lendemain il cherche vainement dans le château quelqu'un qui lui révèle ce mystère. Il sort ; le pont-levis se relève derrière ses pas ; il apprend ensuite que le vieillard malade se nomme le roi Pêcheur, et se repent trop tard de ne pas l'avoir interrogé.

Cependant la renommée de Perceval remplit la cour d'Arthur, et toute la Table-Ronde est partie en corps à sa recherche. Ici se reproduit l'épisode du *Mabinogi*: la mésaventure de Keux, les sages paroles de Gauvain, rien n'y manque ; seulement c'est une huppe blessée par Perceval, dont le sang rougit la neige et lui cause cette profonde rêverie.

Mais Perceval ne doit pas être longtemps l'ornement de la cour d'Arthur. Une femme y apparaît qui lui reproche son silence à la cour du roi Pêcheur ; la blessure de ce malheureux vieillard est devenue incurable, et Perceval est justement maudit. Le héros veut réparer sa faute, retrouver le château ; mais il en est sans cesse repoussé. Le désespoir s'empare de son âme, il oublie Dieu :

> V fois passa avril et mes,
> Ce sont v ans treztout entier,
> Ains que il entrast au moustier,
> Ne Dieu ne sa crois adura.

Un jour qu'il chevauchait, selon sa coutume, cherchant des aventures, il rencontre un chevalier et vingt dames avec lui ; tous allaient les pieds déchaux, récitant des prières, et tous s'étonnent de voir un chevalier en armes le vendredi saint. Nous retrouvons encore ici un des incidents du *Mabinogi ;* un prêtre rencontre Pérédur et lui fait semblable reproche ; mais cette situation, qui dans le *Mabinogi* n'est qu'un simple épisode, est le nœud de tout le poëme dans le roman français. Perceval repentant va trouver un ermite dont on lui indique la cellule ; il se confesse ; l'ermite lui révèle qu'il est puni à cause de son ingratitude envers sa mère, morte de douleur après son départ ; Perceval pleure sa faute, et, réconcilié avec Dieu, entreprend avec un nouveau courage la recherche du vase sacré. Nous ne le suivrons pas au milieu de toutes ses aventures, pour éviter la monotonie inséparable d'une longue suite d'exploits uniformes. Nul obstacle ne peut arrêter sa valeur ; une visite qu'il fait au manoir où se passa son enfance, les pleurs qu'il répand sur le tombeau de sa mère, les pieux conseils d'un oncle qui vit en solitaire achèvent de le purifier ; il retrouve enfin le château du roi Pêcheur, et répare le mal causé par son fatal silence.

Un épisode mérite pourtant qu'on s'y arrête. Les aventures de Gauvain tiennent, dans le roman français, une place au moins égale à celle de Perceval. Conduit aussi par hasard à ce château mystérieux, témoin de l'étrange cérémonie qui a lieu au banquet du soir, il ne doute pas que ce bassin qui rayonne d'une vive lumière ne soit le vase précieux dont toute la chevalerie est en quête, et, loin d'imiter la discrétion de Perceval, s'empresse d'interroger le roi Pêcheur. Mais le prince, avant de révéler les secrets du Saint Graal, doit s'assurer que Gauvain est digne de les entendre. Il lui présente une épée brisée. Le chevalier qui en aura rejoint les diverses parties sans qu'il reste trace de son ancien état, pourra seul connaître ces mystères. Gauvain l'essaye inutilement. Le vieillard se refuse donc à satisfaire sa curiosité ; il lui adresse cependant un discours dont le roman ne nous rapporte pas la teneur, mais l'effet : Gauvain s'endort sur la table, et le lendemain quand il s'éveille, il est fort étonné de se trouver en un marais. La leçon pouvait sembler dure ; aussi Gauvain part d'abord « le chief un pe- « titet bessant ; » mais un chevalier ne se décourage pas pour si peu ; bientôt il en prend gaiement son parti, et court à d'autres aventures (1). Cet incident, qui touche au comique, et montre bien le malin esprit des trouvères, introduisant la raillerie dans les plus graves sujets, prépare cependant le dénouement ; car cette épée brisée, dont Gauvain n'a pu rejoindre les pièces, se réparera miraculeusement entre les mains de Perceval.

Le héros subit en effet cette épreuve, lorsqu'il a retrouvé le château du roi Pêcheur :

> Et li aciers ensemble prent
> Si belement et si adroit
> Com le fevre faite l'avoit ;
> Ne sembla estre plus nouvelle,
> Miex fourbie ne aussi belle.

Le plus brave et le plus pieux chevalier du monde devait seul la réparer suivant les prophéties ; le vieux roi n'hésite donc plus à confier à Perceval le secret du Graal. La lance est celle dont le soldat Longus perça le corps du Christ, le vase est celui où Joseph d'Arimathie reçut son sang divin. De Joseph

---

(1) Cf. la relation assez amusante de cette mésaventure. Ms. 430 du suppl. franç, fol. 75.

descend la race des princes du Graal; Perceval appartient à cette auguste famille; le roi Pêcheur est son oncle. Maintenant cette origine lui impose un devoir de vengeance; car l'épée merveilleuse a été brisée entre les mains d'un chevalier félon, nommé Pertiniax, le jour où il a tué par trahison le propre frère du roi Pêcheur. Ce prince a essayé de réparer cette épée rompue; mais il n'était pas digne de cette faveur. L'arme s'est vengée en le blessant à la cuisse, et il ne guérira que le jour où on lui apportera la tête de Pertiniax.

Perceval part pour cette nouvelle entreprise; mais le démon lui dresse des embûches, et revêt même, pour l'arrêter, la forme de Blanchefleur, la dame de ses pensées. Mais ni la crainte ni la séduction ne peuvent ébranler une âme que soutient l'assistance invisible du Graal. Perceval coupe la tête de Pertiniax, et l'apporte à son oncle qui guérit subitement. Le roi Pêcheur abdique, et son neveu, couronné par Arthur, règne avec gloire pendant sept années; puis il se fait prêtre, et se retire en un ermitage où il garde ces précieuses reliques qui à sa mort sont emportées au ciel.

> Et Diex qui moult a grant envie
> De bons traire en sa part touz diz...
> Le mist en sa partie destre...
> Le jour que Diex l'ame emporta
> Fu au ciel remiz sanz doutance
> Et le Sainct Graal et la lance.

Mais cette fin toute mystique ne doit pas nous

faire oublier que le châtiment d'un meurtre se mêle à cette romanesque histoire. Dans le *Mabinogi de Pérédur* il s'agissait simplement de venger, sur les sorcières de Kerloiou, la mort de l'un des cousins du héros. Une légende pieuse est venue s'ajouter à cette tradition ; mais elle n'a pas entièrement changé le conte gallois : la mort de Pertiniax est encore la condition essentielle de la guérison du Roi Pêcheur. Le Perceval français sert ainsi de transition entre le *Mabinogi de Pérédur* et le *Parcival* de Wolfram, où l'élément religieux domine et a effacé tout souvenir de vengeance privée (1).

Wolfram prétendait surpasser l'œuvre de Chrétien de Troyes. Il la connaissait, et en parle même assez dédaigneusement à la fin de son poëme. « Que maître Chrétien de Troyes, dit-il, ait mal traité cette histoire, c'est ce qui irrite Kiot, qui nous a transmis le récit véritable (2). » Quel est ce personnage étrange dont Wolfram invoque ainsi l'autorité? Son nom semble désigner un trouvère bien plutôt qu'un troubadour. Kiot n'est, en effet, que le nom de Guyot ou Guiot germanisé, et ce diminutif de Gui appartient incontestablement à la langue d'oïl. C'est à la langue d'oïl que se rattachent aussi la plupart des mots étrangers que Wolfram a intro-

---

(1) Sur le roman en vers du Saint Graal *voy*. la note VI à la fin du volume.
(2) Ob von Troys meister Christjan
  Disem mære hât unreht getân,
  Daz mac wol zürnen Kyot,
  Der uns diu rehten mære entbôt. (*Parcival*, 827, 1.)

duits dans son œuvre, et même des périphrases entières, évidemment empruntées à un roman français. Et cependant pour Wolfram, « c'est de la Provence que la vraie légende est venue en Allemagne, » et il oppose sans cesse aux fictions dénaturées qu'il rejette « la fidèle tradition que lui a transmise son modèle provençal (1). »

Cette contradiction entre l'assertion si formelle de Wolfram et les traces d'imitation française que révèle l'étude philologique de son poëme, a fait révoquer en doute l'existence de Kiot. Les deux opinions extrêmes, en cette question obscure et difficile, sont en quelque sorte représentées par M. Diez et par l'abbé de la Rue. M. Diez, sur la foi de Wolfram, croit à l'existence de Kiot, et le range sans hésiter parmi les auteurs provençaux; l'abbé de la Rue, le premier, je crois, parmi les critiques français, a supposé que Kiot était l'une de ces autorités fabuleuses, alléguées par les conteurs pour accréditer leurs propres conceptions; et, pour lui, l'auteur et son poëme pourraient bien n'être pas plus authentiques que ce fameux manuscrit de Tolède où le païen Flégétanis, descendant de Salomon, avait consigné l'histoire du Graal (2).

Les formes françaises, si nombreuses dans le ro-

---

(1)   Von Provenz in tiuschiu lant,
        Diu rehten mære uns sint gesant.   (827, 9.)
        Op der Provenzâl diu wârheit las.   (805, 10.)

(2) Cf. M. Diez, *die Poesie der Troubadours*, p. 207; l'abbé de la Rue, t. II, p. 228.

man de Wolfram, n'avaient pas échappé à l'attention de M. Fauriel : il a même dressé la liste des plus remarquables. Il s'en est servi seulement pour appuyer l'une des théories les plus contestables qu'il ait émises dans son savant ouvrage. Pour lui les Provençaux non-seulement sont les prédécesseurs des trouvères, mais ils ont été leurs maîtres et leurs modèles jusque dans leur propre langue; le roman de Kiot est l'œuvre d'un troubadour qui a écrit dans l'idiome du Nord; et il en donne pour preuve ce passage de Wolfram : « Kiot est un Provençal qui a vu dans un livre païen cette histoire du Graal, et l'a racontée en français (1). » Sans doute, au XIIIe siècle, le langage du Nord était seul désigné par le mot français; mais est-ce une raison suffisante pour supposer, sur l'unique témoignage d'un conteur allemand, l'existence d'un troubadour écrivant en langue d'oïl ? M. Fortoul, dans son *Étude sur les troubadours*, a montré tout ce qu'il y avait d'aventureux et d'erroné dans une semblable hypothèse. Cette opinion de M. Fauriel s'explique par son système sur l'origine provençale de ces légendes; elle est inadmissible dès qu'on a démontré l'origine galloise des fables de la Table-Ronde (2). Mais il

(1)   Kyot ist ein Provenzâl,
      Der dise âventiur von Parzival
      Heidensch geschriben sach,
      Swaz er *en franzoys* dâ von gesprach.   (416, 25.)
(2) Cf. Fauriel, *Poésie Provençale*, t. III, p. 289 et suiv. — M. Fortoul, *Études d'Archéologie et d'Histoire*, t. II, p. 72.

en résulte que Wolfram a suivi un roman français composé par un trouvère, et l'existence du Provençal Kiot demeure un problème.

M. Wackernagel a cru résoudre la difficulté en supposant que Kiot le Provençal n'était autre que Guiot de Provins. Les deux formes sont assez semblables, surtout pour une oreille étrangère, et on conçoit facilement la possibilité de cette altération. Cependant, si l'on doute de l'existence de Kiot le Provençal, parce que le roman qu'on lui attribue est inconnu, et n'est cité par aucun des historiens de la poésie des troubadours, la même objection s'élève aussitôt contre ce roman de *Perceval* qu'on attribuerait ainsi gratuitement à Guiot de Provins. Cet auteur est célèbre au moyen âge pour avoir composé une *Bible*, vive satire des abus de son temps ; mais, ni dans la *Bible Guiot*, ni dans les témoignages contemporains, on ne trouve la moindre allusion à un roman de *Perceval;* il faut donc se garder de mettre ainsi sous son nom, sans autres preuves, une composition d'aussi longue haleine ; et n'est-il pas certain que l'ouvrage d'un poëte aussi connu aurait joui d'une popularité qui eût au moins laissé parvenir son titre jusqu'à nous (1)? L'hypothèse qui fait de Kiot le Provençal Guiot de Provins serait plus admissible si Kiot est un nom supposé.

---

(1) Cf. M. Fortoul, *loc. cit.*; Wackernagel, *Altfranzösische Lieder*, p. 191 ; Holland, *Crestiens von Troies, eine litteraturgeschichtliche Untersuchung*, p. 221.

En effet, Wolfram aurait pu songer à placer ses propres conceptions sous l'autorité de cet homme célèbre, qui avait assisté à la fameuse diète de Mayence sous Frédéric Barberousse (1), et dont la présence en Allemagne devait avoir laissé quelque souvenir. Mais une simple conjecture peut-elle prévaloir contre l'assertion formelle de Wolfram, répétant à plusieurs reprises qu'il imite un roman provençal? D'ailleurs, si Guiot était connu en Allemagne, il y était tenu pour Français, et la distinction entre Français et Provençaux était alors trop profonde pour que Wolfram ait pu s'y tromper (2); s'il y était inconnu, Wolfram n'a certainement pas invoqué son autorité. Il est donc impossible de retrouver sous ce nom de Kiot le Provençal notre trouvère Guiot de Provins.

Est-il donc nécessaire de supposer, avec M. Simrock (3), que le roman provençal imité par Wolfram lui était parvenu dans une traduction française, et l'expliquer ainsi la présence des mots empruntés à la langue d'oïl qui figurent dans son poëme? Sur ce

---

(1) Et de l'empereor Ferri
Vos puis bien dire que je vi
Qu'il tint une cort a Maïence.
Ice vos di-je sanz doutance
C'onques sa pareille ne fu.
(*Bible Guiot*, v. 278. *Fabliaux*, éd. Barbazan, t. II, p. 316.)
(2) Wolfram distingue nettement dans un passage du Parcival les Français, les Bretons, les Provençaux et les Bourguignons :
Franzoys od Bertûn,
Provenzàle od Burgunjoys.   (416, 10.)
(3) *Parcival und Titurel, Einleitung*, t. I, p. 481.

point on en sera toujours réduit aux conjecture[s]
Wolfram a incontestablement imité des roma[ns]
français; il avoue lui-même qu'il connaissait Chr[é]
tien de Troyes; mais que le nom de Kiot soit alté[ré]
ou supposé, qu'il y ait erreur ou supercherie, o[n]
peut démontrer que, s'il a consulté les sources fra[n]
çaises de sa légende, il a surtout puisé aux sourc[es]
provençales.

Écartons, en effet, le nom de Kiot pour nous a[t]
tacher à la fable elle-même. Nous savons, par [la]
comparaison du *Mabinogi de Pérédur* et du *Pe[r]
ceval* français, ce que les trouvères ont fait de not[re]
héros. Ils l'ont transformé; mais ce type une fo[is]
créé, ils l'ont reproduit fidèlement. Ni dans Chr[é]
tien, ni dans ses continuateurs, qui avaient cepe[n]
dant pleine liberté d'altérer à leur gré la légend[e,]
on ne retrouve cette généalogie asiatique des ro[is]
du Graal, cette organisation savante de la milic[e]
des templistes; tandis qu'à la fin du roman, la mo[rt]
de Pertiniax nous atteste l'influence d'une traditio[n]
encore voisine des contes gallois. Nous avons là [le]
Perceval du nord de la France; or les points négl[i]
gés par les trouvères sont devenus les éléments e[s]
sentiels de la légende dans le *Parcival* allemand. C[e]
que nous y trouvons de conforme au *Mabinogi d[e]
Pérédur* et au *Perceval* français, c'est ce que j'ap
pellerai volontiers la vie privée du héros, son e[n]
fance, son aventure chez le roi Pêcheur, quelque[s]
épisodes d'amour; mais ce qui domine dans l[e]
poëme, c'est la présence de cette milice sainte o[ù]

Parcival doit être admis, c'est la pensée de cette royauté mystique à laquelle il est destiné. Si nous considérons maintenant les épisodes, rappelons-nous seulement que dans le *Perceval* français, il n'est pas question d'un seul voyage maritime, et comparons à ces romans du Nord, le début du *Parival* allemand, l'histoire de Gamuret.

Gandin, roi d'Anjou, a deux fils, Galoès et Ganuret. A sa mort l'aîné hérite de ses États, l'autre cherche fortune en Orient et sert le kalife de Bagdad, Baruch, alors en guerre avec les princes de Babylone, Pompeius et Ipomidon, puis il erre en d'autres pays; le vent le jette sur la côte d'Afrique, où une belle princesse maure, Bélacane, est assiégée par le roi d'Écosse Friedebrand et les Maures d'Assagog. Il la délivre, l'épouse; mais bientôt l'ennui d'une vie sédentaire lui fait abandonner Bélacane. Peu après son départ, la malheureuse reine accouche d'un fils dont la peau tachetée de blanc et de noir rappelait la double origine, et qu'elle nomme Fièrefils.

Gamuret aborde en Espagne. Il apprend qu'Herzéloïde, reine de Valois et de Norgal, a promis sa main et ses États au vainqueur d'un tournoi qu'elle donne en sa capitale de Canvolès. Une foule de princes prétendent à un si haut prix; mais Gamuret triomphe de tous ses adversaires; et au moment où il épouse Herzéloïde, il apprend que son frère Galoès est mort, le laissant héritier du royaume d'Anjou. Mais Gamuret ne peut jouir paisiblement de tant

de puissance; le goût des aventures l'entraîne e1
core; il repart. Six mois après Herzéloïde, déjà i
quiète d'un songe sinistre qui lui présageait les pl
grands malheurs, apprend que son époux a péri s
les bords de l'Euphrate. Quatorze jours plus ta
elle mettait au monde la fleur de toute chevaleri
Parcival.

Il est impossible de méconnaître ici une influen
toute méridionale; c'est aux bords de la Médite
ranée que les conteurs ont dû imaginer de tels é|
sodes. Quel que soit donc l'auteur que Wolfram
désigné sous le nom de Kiot, qu'on lui ait racor
cette fable en langue d'oc ou en langue d'oïl,
faut admettre, comme il l'affirme, qu'il imite su
tout un modèle provençal. Mais s'il n'a rien ajout(
la légende, où donc est la supériorité de Wolfra1
celle qu'il ne doit qu'à lui-même, et non pas à ce
tradition prétendue plus fidèle, que lui avaie
transmise les Provençaux? Elle est tout entié
dans ces vers où il résume le sujet de son poëm(

« L'histoire que je veux redire célèbre une nol
loyauté, la pudeur d'une femme pure, la vale
d'un guerrier qui ne plia jamais, mais qui, fern
comme l'acier, fidèle à l'instinct profond de s
cœur, traversa sans fléchir les jours de lutte
d'épreuve, et saisit d'une main victorieuse le p1
de son courage (1). »

(1)   Ein mære wil i'u niuwen,
    Daz seit von grôzen triuwen,

Ce n'est donc plus un conte, c'est un drame moral ; les personnages y sont pour si peu de chose qu'il ne les nomme même pas. Et qu'est-il en effet besoin de les nommer? Que Parcival et son ami Gauvain aient accompli mainte prouesse; qu'ils aient combattu, qu'ils aient aimé, que nous importe? Les coups d'épée, les chevaliers pourfendus, la sorcellerie, l'amour lui-même, quand il ne s'élève pas au-dessus du lieu commun, tout cela se passe autour de l'âme, et ne nous intéresse guère; mais les luttes du cœur contre ses mauvais instincts, la victoire de la vertu, un héros qui, malgré ses fautes, se relève pour triompher; voilà ce qui est digne de nous émouvoir, et ce qui sort vraiment de l'âme du poëte; car, s'il ne l'avait jamais senti, comment aurait-il pu l'exprimer? Les auteurs du *Perceval* français ont versifié une légende ; ils ont rencontré quelques traits heureux, mais ils ne nous disent pas quel pouvait être l'état des âmes au siècle où ils écrivaient, sous quel aspect se présentait à un esprit chevaleresque et élevé cette lutte du bien et du mal qui se partagent le cœur humain, « comme le blanc et le noir se partagent le corps de la pie (1). » Aux

Wiplîchez wîbes reht,
Und mannes manheit alsô sleht,
Diu sich gein herte nie gebouc.
Sîn herze in dar an niht betrouc,
Er stahel, swâ er ze strite quam,
Sîn hant da sigelichen nam
Vil manegen lobelîchen prîs.   (4, 9.)

(1)   Als agelstern varwe tuot.   (1, 6.)

yeux de Wolfram l'issue de cette lutte était souve[nt] incertaine; car nous voyons apparaître dans s[on] poëme un mot étrange : le doute; mot nouvea[u] du moins pour cette littérature légendaire peu h[a]bituée à comprendre autre chose que le sim[ple] plaisir de conter. « Quand le doute est né dans u[ne] âme, il devient pour elle une source d'ame[r]tume (1). » Tel est le début du *Parcival* de Wo[l]fram. Cette pensée dominait tellement son poën[e] qu'elle s'est la première offerte à son esprit; el[le] nous montre dès l'abord le caractère de cette œuv[re] où la légende sert de voile à une doctrine, où el[le] quitte ce premier rang qu'elle occupait dans l[es] écrits des trouvères pour devenir une sorte d'all[é]gorie. Ce plan est beau, mais périlleux : c'est bea[u]coup promettre, et d'ailleurs les poëmes allégo[ri]ques ne sont-ils pas comme l'inviolable asile [de] l'ennui? Plus heureux que la plupart des poëtes [à] début solennel, Wolfram a, du moins en parti[e] tenu sa promesse. Il y a dans son œuvre comm[e] deux parts distinctes : l'une est la légende qui i[ra] charmer les loisirs de ceux qui aiment les longs r[é]cits, l'autre est cet enseignement moral qui est[,] véritable, le seul but de ses chants. Mais tous pou[r]ront-ils le comprendre? Wolfram ne l'espère pa[s:] « Les hommes sans intelligence ne saisiront pas [...

---

(1) Ist zwîfel herzen nachgebûr
Daz muoz der sêle werden sûr.

apport, trop subtil pour leurs esprits grossiers (1). »
Et ailleurs : « Je ne tiendrais pas pour sage celui qui
ne discernerait pas facilement les solides enseignements que renferme ce récit (2). » Il prévient ; il s'é-
crierait volontiers comme Dante : « O vous qui avez
une saine intelligence, soyez attentifs à la doctrine qui
se cache sous le voile de ces vers étranges (3). » Et
ne nous étonnons pas qu'un minnesinger ait ainsi
voulu faire un poëme presque psychologique. Wolfram est il est vrai un homme sans lettres ; mais
c'est une intelligence élevée, un esprit juste, et il vit
au commencement de ce XIIIe siècle qui verra les
splendeurs de la théologie scolastique et aboutira à
la *Divine Comédie*. Il subit, sans le savoir, l'influence de son temps ; les hommes médiocres la subissent en copiant les défauts de leurs contemporains ; mais dans les hommes supérieurs, car je ne
fais pas de Wolfram un homme de génie, on retrouve, avant l'apparition de ces grandes œuvres
qui sont l'honneur de l'esprit humain, comme un
premier reflet des clartés dont elles vont illuminer
leur siècle. C'est le crépuscule avant le jour.

(1)   Diz vliegende bispel
       Ist tumben liuten gar ze snel.   (2, 15.)
(2)   Ouch erkante ich nie so wisen man,
       Ern möhte gerne kunde hân
       Velher stiure disiu mære gernt,
       Und waz si guoter lêre wernt.   (2, 5.)
(3)   O voi ch'avete gl'intelletti sani,
       Mirate la dottrina che s'asconde
       Sotto'l velame dei versi strani.   (*Inferno,* cant. IX, terz. 21.)

Est-ce à dire que nous ne retrouverons da
Wolfram aucune des habitudes, des mœurs litt
raires de nos conteurs? Une pensée supérieure
chète chez lui les défauts ordinaires aux rédacteu
de légendes, mais elle ne les efface pas ; car nul
s'affranchit complétement de l'exemple de ses deva
ciers. Et pour le mieux prouver, commençons p
une critique. S'il est un récit où il soit peu nécessai
de faire l'histoire des ancêtres, c'est bien le Parc
val, où la question morale doit absorber la légend
Wolfram a débuté cependant par raconter l'histoi
du père de Parcival, Gamuret ; et c'est après plus
trois mille vers que le poëme commence véritabl
ment, à la naissance de Parcival. Nous retrouvo
aussitôt dans notre cadre légendaire les mêmes pe
sonnages avec quelques différences de noms et
costumes ; mais ce qui change l'aspect du tableau
c'est que le héros traverse moins une série d'aver
tures qu'une suite d'initiations. Il a quitté sa mè
pour aller recevoir, à Nantes, l'ordre de chevalerie
comme Perceval, il a innocemment comprom
l'honneur d'une noble dame, et une fidélité tro
scrupuleuse aux enseignements du vieux chevali
Gurnemans lui a interdit toute question en pr
sence de l'étrange cérémonie du Graal ; mais c
événements préparent une grande épreuve moral
Lorsque Kundrie la sorcière lui a révélé que s
fatal silence a changé peut-être pour jamais s
brillantes destinées, Parcival tombe dans le dou
et le désespoir ; il maudit les leçons d'Herzéloï

et de Gurnemans; il ne veut plus écouter que lui-même; il ne sert plus Dieu, et cinq ans se passent sans qu'il lui adresse une prière. Ce passage de l'obéissance à la liberté est pour lui plein d'orages, sa piété y fait naufrage; mais il lui reste un noble sentiment que rien ne peut altérer, c'est son amour pour Condviramur, jeune reine dont il a délivré la capitale assiégée, qu'il a épousée et rendue mère. La persévérance de ce sentiment dans son âme sera la condition de son retour au bien ; car tout n'est point perdu pour une âme capable encore d'aimer. Le poëme de Wolfram est en cela une expression plus fidèle de la vraie tradition chevaleresque que le *Perceval* français, où Blanchefleur devient un obstacle pour le héros. Condviramur, au contraire, séparée de Parcival pendant qu'il est indigne d'elle, le retrouve quand son repentir et ses exploits l'ont fait appeler à la royauté du Saint Graal ; le bonheur dans l'amour est la récompense de sa vertu, et s'ajoute au bonheur de la foi recouvrée. Mais c'est par de dures épreuves que Parcival s'est acquis tant de gloire ; nous apprenons donc ainsi quelle est la valeur de l'expiation qui, par un chemin long et pénible, ramène à la félicité parfaite promise à l'innocence.

Cette pensée donne une vie nouvelle aux incidents de cette légende qui nous est maintenant si connue ; ajoutons que Wolfram a su parfois répandre quelque grâce sur les détails. Ainsi le chant des oiseaux dans la forêt de Soltane jette le jeune

Parcival dans une profonde mélancolie et lui arrache des larmes ; sa mère, inquiète, fait tendre des filets autour du manoir pour détruire ces créatures qui coûtent des pleurs à son fils ; il intercède et obtient leur grâce. Il grandit, ignorant même son nom ; sa mère seulement lui répète sans cesse : « Beau fils, cher fils, fils joli ; » ce sont les noms qu'il redit à sa cousine, Sigune, quand elle l'interroge sur sa naissance, et il faut que sur le chemin de la cour d'Arthur on lui révèle son illustre origine. Tant de simplicité n'ôte rien à son courage : à sa première rencontre, il attaque en héros le chevalier qui a bravé la cour d'Arthur ; et lorsqu'il ira demander l'hospitalité au sage Gurnemans, le vieux chevalier en fera sans peine un preux accompli.

Nous voyons aussi le sentiment de l'amour s'éveiller dans son âme ; la fille de Gurnemans touche son cœur, mais cette première impression est effacée par la vue de Condviramur. Parcival est arrivé à Belripar. La place est assiégée par le roi Clamide et le sénéchal Kingron. Clamide prétend à la main de Condviramur ; il a tué son fiancé Gentefleur, le fils de Gurnemans ; pour la forcer à l'épouser, il dévaste ses domaines et affame sa capitale. La valeur de Parcival affranchit la reine : ses ennemis vaincus sont obligés de se rendre prisonniers à la cour d'Arthur, et un heureux hymen est le prix d'aussi éclatants services. Mais le désir de revoir sa mère et l'horreur du repos lui font entreprendre de nouvelles pérégrinations. C'est alors que conduit au château de Montsalvat, chez le roi Pêcheur Anfortas, il n'ose lui adresser la question à laquelle sa guérison est attachée. Un dur châtiment lui est réservé. Au milieu du banquet où on fête sa réception à la cour d'Arthur (1), apparaît Kundrie la sorcière qui, devant tant de nobles chevaliers, proclame la Table-Ronde déshonorée par l'admission de Parcival. En même temps, elle annonce que quatre reines sont injustement détenues à Châtelmerveil par le magicien Klingsor, et convie les preux à leur délivrance. Pendant qu'une si belle entreprise les enflamme d'ardeur, Parcival se retire de la Table-Ronde, et recommence ses aventureux voyages, triste et doutant de Dieu. Cinq ans après, il rencontre un vieux chevalier qui, accompagné de ses filles et de ses gens, faisait pieds nus un pèlerinage à un ermitage voisin. Le vieux chevalier lui reproche de porter les armes un vendredi saint, et lui conseille de se joindre à eux pour faire pénitence. Parcival refuse, trop courtois pour chevaucher à côté de ces femmes déchaussées, trop ennemi de Dieu pour les imiter. Il prend congé d'elles; mais à quelque distance, le repentir s'empare de son âme; il abandonne les rênes à son cheval qui le conduit droit à l'ermitage. Il y trouve son oncle, Trevrézent, qui a dit adieu à la cheva-

---

(1) Ici se place l'épisode des gouttes de sang sur la neige qui jettent Parcival dans une profonde rêverie. Le malheur de Kaï, le message de Gauvain, tout est semblable au *Perceval* français.

lerie pour embrasser la vie pénitente; il avoue ses fautes, passe ensuite quatorze jours avec lui, reçoit l'explication de tous les mystères du Graal, et réconcilié avec Dieu, quitte enfin sa cellule. Cet incident est encore ici le nœud du poëme.

Mais l'unité n'est pas le caractère des œuvres du moyen âge. Si Wolfram a su rattacher les principaux événements de sa légende au drame moral qu'il avait conçu, il n'a pu résister à cette habitude de digressions si invétérée parmi les conteurs. Comme dans le *Perceval* français, nous avons en réalité deux héros, Parcival et Gauvain : Parcival, qui nous intéresse par ses doutes, son amour, sa périlleuse recherche du Graal; Gauvain, qui apparaît, il faut bien l'avouer, quand le poëte, trop faible pour peindre dans tous ses détails la grande situation qu'il a entrevue, éprouve sans s'en rendre compte le besoin de se reposer en de moins sérieux récits. Il est des sentiments qui ne peuvent être fidèlement exprimés que par une littérature déjà mûrie; c'est un mérite pour Wolfram de les avoir indiqués, mais il ne les a pas décrits. Nous savons que le doute envahit l'âme de son héros; nous le verrons plus tard agenouillé et repentant aux pieds de Trevrézent : en attendant, nous assistons aux faits d'armes de Gauvain. Dans la seconde partie du poëme, lorsque Parcival, purifié, se met en quête du Graal, de longs épisodes nous le dérobent encore pour nous entretenir de Gauvain : c'est une aventureuse expédition à Châtelmerveil, où Kundrie a révélé que

Klingsor retenait d'illustres prisonnières; c'est son amour pour Orgueilleuse, belle et moqueuse princesse, qui paye longtemps par d'amères railleries le dévouement de son chevalier. Le succès couronne pourtant toutes les entreprises de Gauvain : les enchantements du château de Klingsor ne peuvent rien contre son courage; Orgueilleuse elle-même, vaincue par son amour, lui donne sa main, et un chevalier qu'elle lui avait imposé de combattre, Gramoflanz, réconcilié avec les deux époux, prend pour femme Itonie, sœur de Gauvain. Au milieu des fêtes qui célèbrent cette union reparaît enfin Parcival. La cour d'Arthur l'accueille de nouveau dans son sein; mais cet honneur ne le détourne pas de sa recherche du château de Montsalvat. Il repart, et rencontre peu après un chevalier païen richement armé. Le combat s'engage; l'issue en est incertaine, car jamais Parcival n'a trouvé si vaillant adversaire. Cependant il invoque l'assistance de Dieu, et va triompher, quand il reconnaît dans ce prince maure l'enfant de Gamuret et de Bélacane, son frère Fièrefils. Les deux frères, réconciliés, se rendent à la cour d'Arthur, où Fièrefils est admis à la Table-Ronde. Cette réception est célébrée par une fête solennelle, au milieu de laquelle apparaît de nouveau Kundrie la sorcière, mais cette fois pour annoncer à Parcival qu'il est nommé roi du Saint Graal. On guide Parcival à Montsalvat; il trouve son oncle Anfortas presque mourant, lui demande la cause de ses maux; et, suivant l'oracle jadis rendu par le vase sacré, Anfortas guérit subitement à cette question. Condviramur, mandée par son époux, quitte Belripar pour le rejoindre. A son arrivée à Montsalvat se renouvelle la cérémonie du Graal, à laquelle assistent tous les templistes. Fièrefils est exclu, comme païen, de la salle du banquet ; mais il ne demeure pas insensible aux charmes de la plus jeune des sœurs d'Anfortas, Urepanse de Joie, que sa pureté a fait juger digne de porter le vase saint, lorsqu'il apparaît solennellement au festin du soir. Fièrefils est baptisé, se marie avec Urepanse, et retourne avec elle dans ses États d'Orient. Les deux époux y répandent la foi chrétienne, et de leur union naît le prêtre Jean.

Quant à Parcival, il consacre la fin de ses jours au service de ces précieuses reliques et aux devoirs de sa royauté chevaleresque. Le second de ses fils, Cardeiss, hérite de tous les royaumes de son père et de sa mère ; l'aîné, Loherangrin, demeure à Montsalvat. Cependant il s'embarque un jour sur une nacelle, guidé par des cygnes, et aborde au port d'Anvers. Il épouse la duchesse de Brabant, et règne avec elle à condition que, renonçant à éclaircir le mystère de son origine, elle ne lui demande jamais d'où il vient. La princesse oublie cette condition fatale, et Loherangrin disparaît, lui laissant une épée, un cor et un anneau, talismans dont la vertu magique assurera le bonheur de la race royale de Brabant (1). Le

---

(1) Les aventures de Loherangrin ou Lohengrin ont été le sujet d'un poëme

poëte, qui nous a raconté la vie du père de Parcival, n'a pu résister, en finissant, au désir de nous faire aussi connaître l'histoire de sa postérité (1). Rendons-lui pourtant cette justice qu'il l'a fait en peu de mots.

Nous connaissons maintenant les héros de Wolfram; que nous reste-t-il, si ce n'est à étudier leurs caractères? et, pour les mieux comprendre, nous les grouperons autour des trois sentiments qui règnent sur toute la poésie chevaleresque : la piété, la valeur, l'amour.

---

particulier, dont l'auteur est inconnu. Sur les transformations de cette légende *voy.* la note VII.

(1) Pour plus de clarté nous donnons, d'après M. San Marte, une table généalogique de la famille de Parcival (*Voy.* la note VIII). — Le Parcival n'est pas divisé en livres. C'est seulement dans les traductions en allemand moderne que cette division a été introduite. M. San Marte en compte huit auxquels il donne les titres suivants : I. Gamuret; II. Parcival; III. Condviramur; IV. Gawan (Gauvain); V. le Saint Graal; VI. Klingsor; VII. le roi Arthus; VIII. Parcival, roi du Graal. — M. Simrock a divisé le poëme en seize livres.

CHAPITRE IV.

Des Caractères.

§ Ier. — DE LA PIÉTÉ. — DU MERVEILLEUX ET DE LA MAGIE.

Une célèbre ballade de Schiller nous montre à Aix-la-Chapelle Rodolphe de Habsbourg assis au banquet du couronnement. Le nouveau César saisit sa coupe d'or et s'écrie : « La fête est assez brillante, le repas assez splendide pour ravir mon cœur royal ; cependant je regrette l'absence du chanteur, dont les paroles causent la joie, dont les doux accents viendraient émouvoir mon âme en y portant un enseignement divin (1). » Le poëte est ici l'interprète fidèle du passé ; car souvent le moyen âge conçut l'art du chanteur comme une sorte de ministère, et la poésie voulut pieusement

---

(1) Wohl glänzet das Fest, wohl pranget das Mahl
   Mein königlich Herz zu entzücken ;
Doch den Sänger vermisse ich, den Bringer der Lust,
Der mit süszem Klang mir bewege die Brust,
   Und mit göttlich erhabenen Lehren.
                                   (*Der Graf von Habsburg*, str. 3.)

instruire ce monde féodal qui la conviait à le charmer.

Cependant, s'il est vrai qu'on surprenne le secret d'une société en étudiant sa littérature, il est remarquable que le christianisme ait seulement marqué sa présence dans la poésie chevaleresque sans avoir pu la pénétrer. Sans doute les fables celtiques qui servirent de matière à nos romans étaient nées loin de son influence; mais comment le christianisme ne les a-t-il pas complétement transformées? C'est l'indice d'une résistance qui paraît aussitôt considérable quand on songe à la prodigieuse popularité de ces récits. Le dogme tient peu de place même dans les romans du Saint Graal, où se retrouve un si évident souvenir de l'Eucharistie ; il semble qu'il ait été trouvé trop austère, et que sa présence eût attristé ce monde de fictions où les conteurs et leur auditoire aimaient surtout à vivre :

> De la foi d'un chrétien les mystères terribles
> D'ornements égayés ne sont pas susceptibles.

En effet, la religion se résume tout entière dans le dogme et la morale. Le dogme avec ses formes précises, exactes, rigoureuses, décourageait une littérature livrée avant tout aux caprices de l'imagination ; et la morale était loin de s'accorder toujours avec l'histoire des héros les plus aimés. Le christianisme pouvait régner sur la littérature sérieuse du moyen âge; il dictait presque tout ce qui s'écrivait en latin ; mais dans les œuvres en langue vulgaire, dont le but était de récréer et non d'instruire, cette société lui échappait comme un écolier las de sa leçon, et qui retourne à ses jeux. L'opposition de ces deux littératures est une image de ces siècles de lutte qu'il ne faut point juger sur les grands saints qu'ils ont produits. Il semble que jamais l'amour divin n'ait embrasé d'aussi belles âmes ; mais tant de sainteté ne fut que montrée à la terre et n'y fixa point sa demeure ; elle ne fut d'ailleurs jamais plus nécessaire pour triompher de ces barbares qui, à l'héritage de la corruption antique, avaient ajouté la fougue de leurs impétueuses natures. Le christianisme les soumit malgré eux, au prix de beaucoup d'efforts, et quelquefois à leur insu. La littérature légendaire en est encore une preuve : le dogme y est presque effacé ou enveloppé de fables ; la magie, cette vieille ennemie de la foi, y revient à chaque page ; mais l'influence religieuse reparaît dans l'expression des sentiments qui pourraient lui être étrangers. Ainsi dans les romans du Saint Graal, et jusque chez Wolfram, ce qu'il y a de graves et pieuses pensées s'exprime quelquefois au nom de la piété, mais presque toujours au nom de l'amour. La religion ne trouva donc pas dans la société du moyen âge des disciples aussi dociles qu'on l'affirme communément ; car lorsque le sentiment religieux pénètre les âmes, tout lui devient une occasion de se manifester, et les objets même les plus indifférents rappellent les croyances qui sont vraiment chères au cœur de l'homme, comme dans les poétiques légendes qui entourent le berceau de l'ordre de Saint-François. Mais d'autre part, comme la chevalerie, malgré ses écarts, est un immense progrès moral dû à l'influence salutaire du christianisme, la littérature qu'elle fit naître atteste la puissance de la foi nouvelle, en même temps que ses imperfections nous révèlent les obstacles qu'elle eut à surmonter.

Les fictions du Saint Graal procèdent d'une pensée mystique, et indissolublement unies au cycle de la Table-Ronde, le plus profane de tous, elles nous enseignent que les élans d'une piété vive, mais passagère, ne suffirent pas à préserver le moyen âge de toute corruption. Et nous reconnaissons là, dans la littérature comme dans l'histoire, ces peuples enfants, prompts à pleurer leurs fautes, prompts aussi à oublier et l'offense et le repentir pour retomber dans de nouveaux désordres; ces croisés, partis pour délivrer le tombeau du Christ, et qui s'abandonnent sur la route aux plus honteux excès; ces châtelaines qui écoutent tour à tour le récit d'un pèlerin ou la chanson légère d'un ménestrel; singulière société, entièrement inexplicable, si l'on en fait l'œuvre exclusive du christianisme, et au contraire éminemment digne d'intérêt et d'étude, si l'on en fait l'œuvre de la barbarie germanique et de la corruption romaine, que le christianisme purifia et finit par rendre fécondes.

Le mythe du Saint Graal, altération légendaire de l'Eucharistie, a pour introduction nécessaire le dogme de la Rédemption. C'est à peu près la seule vérité religieuse qui soit uniformément rappelée dans les romans de notre cycle; c'est là ce qu'on annonce à toute la gent pécheresse :

> Savoir doivent tout pecheeur,
> Et li petit et li meneur,
> Que devant ce que Jhesus-Criz
> Venist en terre, par les diz
> Fist des prophetes annuncier
> Sa venue en terre, et huchier
> Que Diex son Fils envoieroit
> Çà-jus aval, et souferroit
> Mout de tourmens, mout de doleurs,
> Mout de froiz, et mout de sueurs (1).

Ce Dieu qui envoya son Fils racheter les péchés du monde, Herzéloïde apprend au jeune Parcival à l'honorer. Parcival a prié sa mère de faire grâce aux oiseaux dont le chant lui arrache des larmes, et Herzéloïde renonce à faire périr ces innocentes créatures de Dieu. Qu'est-ce que Dieu? demande l'enfant. Sa mère dans une courte réponse lui révèle l'existence d'un maître que nous devons implorer dans tous nos besoins, puis l'avertit de se préserver du doute et de craindre l'ennemi du Seigneur, l'hôte perfide de l'enfer (2). Parcival, prenant au pied de la lettre le dernier de ces enseignements, se représente sous une forme corporelle l'hôte noir de l'enfer; et bientôt après, lorsqu'il entend le bruit inconnu du galop des chevaux, il appréhende l'arrivée

---

(1) *Roman en vers*, publ. par M. Fr. Michel, initio.
(2) *Parcival*, 20, 1.

— 141 —

lu démon et se prépare à une vigoureuse résistance. C'est toujours ainsi que le moyen âge conçut cette figure de Satan, qu'il représenta grimaçante sur les murs de ses cathédrales; c'est le même type que nous fait entrevoir ce court passage de Wolfram. Mais Dieu ne nous est pas seulement montré comme Créateur; Trevrézent le fera connaître à Parcival comme un père plein de miséricorde, et les enseignements du pieux ermite résumeront toute la doctrine mystique du poëme.

Chose étrange! Wolfram n'a point placé ces enseignements dans la bouche d'un prêtre. Dans le *Perceval* français, l'ermite chez qui le héros est conduit peut entendre sa confession et l'absoudre (1); vers la fin du roman, dans une reproduction évidente du même épisode, lorsque Perceval de retour au manoir de sa mère visite avec sa sœur un de leurs oncles qui s'est retiré dans une solitude, c'est encore un prêtre que nous retrouvons sous la robe de l'ermite. Wolfram fait revêtir à ses vieux chevaliers l'habit de bure, mais il ne leur donne aucun pouvoir sacerdotal. Il en est ainsi de Kiot et Manfilot, les oncles de Condviramur; et Trevrézent nous apprend lui-même qu'il n'est qu'un laïque (2). Ses entretiens avec Parcival changent ainsi de ca-

(1)   Et li bons homs li commanda
    A dire sa confession,
    Quil n'aura ja remission
    Se n'est confes et repentans.

(2)   Doch ich ein leie wære.   (462, 11.)

ractère : ce sont les épanchements d'un cœur affligé dans l'âme d'un homme pieux voué à la vie la plus austère ; ce n'est plus une confession ; le mot n'y est pas même prononcé non plus que celui d'Eucharistie, et pour guérir ce cœur affligé, Trevrézent ne rappelle point, comme la mère de Lénore, qu'il y a un adorable sacrement, remède des maux de l'âme (1). Il est remarquable que l'école des trouvères, presque toujours moins sérieuse, moins grave que celle des minnesinger, ait en cette circonstance donné une couleur plus religieuse à la légende. Ce n'est pas que le sentiment chrétien s'efface dans cet épisode du *Parcival*. C'est avec une foi vive que le vieux chevalier pèlerin rappelle au héros le mystère de la Rédemption et lui reproche d'être en armes un vendredi saint ; ce n'est pas avec moins de foi que Trevrézent lui parle de la bonté de Dieu : « Apprenez, dit-il, à mettre toute votre confiance en ce bon maître ; car vous ressentirez encore sa protection... N'hésitez pas à mettre en lui tout votre espoir, car il est la fidélité même (2). » Mais, si le christianisme est présent, l'Église est absente, et il y a là comme un pressentiment du protestantisme.

Mais Trevrézent, pour pacifier la conscience troublée de Parcival, doit avant tout préserver son âme du doute. Le jeune chevalier a renoncé à servir

---

(1) Das hochgelobte Sakrament
     Wird deinen Jammer lindern.   (Bürger, *Lenore*, str. 7.)
(2) Sit got selbe ein triuwe ist.   (*Parcival*, 462, 19.)

Dieu parce qu'il n'a pu supporter une humiliation ; il ignore ce qu'est une épreuve ; il lui semble que Dieu, pour être juste et pour être aimé, doit témoigner sa bonté en satisfaisant les désirs légitimes de l'homme. Au contraire Dieu l'a frappé d'une injuste malédiction et l'a fait errer cinq ans sans pouvoir retrouver ni son épouse, ni ce château mystérieux, objet de ses recherches. Trevrézent combat cette erreur en lui expliquant que l'homme est une créature déchue, flétrie par la faute d'Adam. A l'ingratitude de notre premier père Dieu a opposé un témoignage d'amour infini par le sacrifice du Calvaire. L'humanité est ainsi rachetée; mais tout homme doit, par un fidèle et constant hommage, se rendre particulièrement digne de la grâce de Dieu, lors même qu'il semble retirer son assistance. Cette pure et austère doctrine, en même temps qu'elle élève l'âme du héros, prépare son intelligence à l'histoire merveilleuse du Graal ; car Wolfram unit tellement la légende et la morale qu'elles deviennent inséparables. Et c'est ce qui lui vaut encore aujourd'hui quelque gloire. Le moyen âge chérissait sans doute plus en lui le conteur que le moraliste; maintenant que ces vieilles fictions ont perdu de leur attrait, ses vers vivent encore, parce que souvent ils ont noblement exprimé ou les maximes de la morale religieuse, ou les sentiments éternels du cœur humain.

Si la Rédemption est le prélude de l'histoire fictive du Graal, elle est aussi, dans l'imagination du moyen âge, annoncée par des prédictions légendaires. On avait rapporté à la naissance du Christ les oracles obscurs des Sibylles et la quatrième églogue de Virgile. Ici Wolfram joint aux Sibylles dans cette liste des précurseurs du Christ le plus illustre des Grecs, Platon. Il est curieux de voir au xiii⁰ siècle, au moment où Aristote dominait presque sans partage, évoquer cette grande figure de Platon dans l'œuvre d'un minnesinger, et de l'y voir paraître encore entourée de tout le prestige de cette éloquence qui fit l'admiration de l'antiquité. Platon n'est pas appelé philosophe, mais orateur; ou, en reproduisant plus littéralement l'expression que Wolfram emprunte au français sans la traduire : Platon *le beau Parleur* (1). Les hommes du moyen âge vénéraient donc ces vieux sages de la Grèce et de Rome, au point que, ne sachant où leur assigner une place digne de leur renommée, ils les rangeaient parmi les prophètes; ils les jugeaient si peu damnables qu'à l'auréole de leur génie ils ajoutaient celle de la sainteté; et ainsi à défaut du bon sens qu'on aurait banni en proscrivant l'antiquité, les auteurs du moyen âge viendraient encore demander grâce pour elle, et redire ses louanges.

(1)   *Der pareliure Plató*
Sprach bî sînen zîten dô,
Unt Sibill diu prophêtisse,
Sunder fâlierens misse
Si sagten dâ vor manec jâr,
Uns solde komen al für war
Für die hôhsten schulde pfant.   (465, 21.)

Le mystère de la Rédemption a réconcilié Parcival avec la Providence ; mais il ignore toujours la cause des malédictions que la sorcière Kundrie a prononcées sur lui, et qui ont causé son désespoir. Il prie donc le docte Trevrézent de lui expliquer cette énigme du Graal qui depuis cinq ans fait son tourment. Trevrézent y consent; vieux serviteur du vase sacré, il en raconte volontiers l'histoire. Le Graal est une pierre précieuse qui jadis au ciel ornait la couronne de Lucifer avant que l'archange déchu se fût révolté contre le Seigneur. Dans la lutte qu'il soutint contre saint Michel, cette pierre se détacha de sa couronne et les anges la gardèrent comme un trophée jusqu'au jour où s'accomplit le sacrifice du Golgotha. Alors on en fit le vase qui recueillit le sang divin du Christ. Confié à Joseph d'Arimathie, le Graal a depuis la Rédemption habité notre terre, et sa vertu nourrit la milice des chevaliers destinés à sa garde. Des oracles qui se gravent sur les parois du vase désignent les chevaliers que le ciel appelle à cet insigne honneur, et les rois que Dieu leur donne pour chefs. Mais exilé dans un monde profane, le Graal perdrait bientôt ses augustes priviléges si chaque année Dieu ne les lui conservait par une bénédiction nouvelle. Le vendredi saint une colombe descendue du ciel dépose sur le noble vase une blanche hostie, et ce contact suffit à entretenir pour un an l'inépuisable fécondité de ces festins du soir, où les chevaliers viennent réparer leurs forces après avoir pendant le jour écarté de Montsalvat les visiteurs indignes. Les templistes doivent surtout se préserver de l'orgueil. Dieu ne leur prodigue d'aussi éclatantes faveurs qu'au prix d'une humilité et d'une pureté inaltérables. C'est pour avoir oublié ces deux vertus que le roi Pêcheur Anfortas a reçu la cruelle blessure dont il souffrira jusqu'à ce que Parcival retrouve le château où languit son oncle. C'est aussi par ces deux vertus que Parcival pourra se faire admettre dans cette milice où l'appelaient ses hautes destinées, et dont son fatal silence, punition méritée de ses anciennes fautes, l'a seul fait exclure. C'est bien la légende, telle que l'ont faite ses derniers développements, et transformée par Wolfram en une prédication en faveur de l'humilité et de la pureté. L'hostie que la colombe vient déposer chaque vendredi saint est une évidente allusion à l'Eucharistie; mais, ainsi que nous l'avons remarqué, le dogme, voilé par la fiction, laisse seulement soupçonner sa présence, sans se montrer clairement à tous les yeux.

Sans doute dans tous les romans du moyen âge, même dans les plus profanes, la religion est aussi représentée par ceux qui sont consacrés à son service; mais je fais peu de cas de cette présence officielle qu'impose l'usage, et que n'inspire aucun sentiment. De même que dans la vie réelle les ministres de l'Église prenaient place dans les conseils des grands, ainsi dans les romans ils figurent dans toutes les cours. Il faut à la Table-Ronde un évêque, commensal assidu qui bénisse les plats, et si Arthur lonne quelque fête, on n'oubliera pas de compter quelques prélats parmi la noble assistance :

> A cele table avoit vii rois,
> Si i furent v arcevesques,
> Et si i avoit xxx evesques (1).

Les héros voyagent souvent accompagnés d'un chapelain. Gamuret a le sien qui lui chante la messe avant la bataille qui se livre sous les murs de Patelamunt. A Belripar, le chapelain de Condviramur célèbre aussi la messe avant que Parcival aille défier Clamide et Kingron. Mais là se bornent leur rôle et leur influence. Gamuret, si scrupuleux au sujet de son hymen avec Bélacane lorsqu'il n'a plus d'amour pour la belle princesse maure, ne consulte son chapelain ni pour conclure ce mariage ni pour le rompre. Si le chevalier abandonne un pays pour chercher aventure sur quelque autre plage,

> Notre curé suit son seigneur,
> Tous deux s'en vont de compagnie ;

mais on ne voit pas qu'il lui rende beaucoup plus de services spirituels que messire Jean Chouart à feu son suzerain, quand il eut pris place à ses côtés sur le char mortuaire. Lorsqu'enfin Gamuret a trouvé la mort en Orient au service du kalife de Bagdad, Baruch, un prêtre qui l'a confessé à ses derniers moments, se charge de porter à Herzéloïde la

---

(1) *Perceval le Gallois.*

fatale nouvelle, et fait placer une croix sur la tombe. C'est le seul acte pieux dont il soit fait mention dans la vie du héros. Il ne faut donc pas donner même aux romans mystiques cette importance religieuse, et, pour ainsi dire, cette valeur d'édification qu'on leur a quelquefois attribuée; ils se ressentaient, jusque chez les minnesinger, du ton général de la littérature profane à laquelle ils étaient associés, et le christianisme y tenait même moins de place que dans la vie réelle, témoin les combats que se livrent les preux. Rien n'est plus fréquent dans les chroniques que les vœux faits à la Vierge Marie ou aux saints, afin d'obtenir la victoire; on n'en trouve presque pas de trace dans les romans. Parcival invoque Dieu quand il attaque Fièrefils; mais alors il va être couronné roi du Graal, il est revêtu d'un caractère presque sacerdotal; mais dans ces luttes si nombreuses qui faisaient pour les guerriers du moyen âge l'attrait de ces récits légendaires, on ne lit point ces invocations qui viennent souvent embellir une page d'Homère ou de Virgile; prières touchantes, car dans le paganisme, malgré l'erreur de la doctrine, s'exprime parfois le sentiment religieux sous une forme vraie et par conséquent éternelle. Certes on trouverait difficilement un conteur plus grave et plus pieux que Wolfram, et pourtant dans tout son poëme il n'est pas de guerrier qui adresse au ciel d'aussi émouvante prière que celle de Nisus à Diane, au moment de tenter un suprême effort pour sauver Euryale :

> Tu dea, tu præsens, nostro succurre labori,
> Astrorum decus, et nemorum, Latonia, custos.
> Si qua tuis unquam pro me pater Hyrtacus aris
> Dona tulit, si qua ipse meis venatibus auxi,
> Suspendive tholo, aut sacra ad fastigia fixi,
> Hunc sine me turbare globum, et rege tela per auras.

La littérature chevaleresque semble donc parfois protester contre la vérité religieuse que toutes les bouches confessaient alors, mais qui ne régnait pas dans tous les cœurs. Cette opposition des mœurs et des idées chrétiennes se trahit encore par la continuelle présence de la magie qui devient le lieu commun obligé de tous les romans. Il ne faut pas trop dédaigner les lieux communs; car ce qui est universellement répété dans un siècle est presque toujours la traduction exacte de ce que tout le monde pense. Si pour introduire le merveilleux dans leurs récits les conteurs ont perpétuellement recours à la magie, c'est qu'ils caressaient une erreur chère au moyen âge, malgré tous les anathèmes dont l'Église la put frapper. La magie, en donnant un libre cours aux caprices de l'imagination, fit le charme de ces générations qui préféraient, comme les intelligences peu cultivées, ce qui est bizarre à ce qui est véritablement grand. Cette influence s'explique aussi par la puissance des vieux souvenirs païens : la magie était au fond de toutes les mythologies barbares, et chez les Celtes et chez les Germains ; le moyen âge l'avait encore reçue de l'antiquité avec les doctrines des derniers Alexandrins ; enfin les superstitions si nombreuses dans cet âge crédule lui donnaient un facile accès dans les mœurs. Aussi n'est-elle point bannie même du château de Montsalvat où réside le Graal. C'est une sorcière, Kundrie, qui sert de messagère aux chevaliers templistes. Elle connaît les oracles qui se gravent sur les parois du vase sacré, et désigne à la cour d'Arthur les preux qui sont admis dans la noble milice. Mais la magie est surtout représentée dans le *Parcival* par Klingsor de Hongrie.

C'est une chose étrange, et qui rappelle toutes les licences de la comédie antique, que d'avoir placé dans un poëme le nom d'un contemporain, en y rattachant une fabuleuse histoire et de scandaleuses aventures. Et ce n'est pas un des moindres problèmes que soulève cet énigmatique personnage de Klingsor que d'expliquer comment Wolfram se permit une attaque aussi violente, et comment la société féodale consentit à prêter une existence légendaire à l'un des plus célèbres poëtes de ce temps. Rien n'est plus obscur que la vie de cet homme extraordinaire. Son immense savoir le fait admirer de toute l'Allemagne en même temps que sa profonde connaissance de l'astrologie et des sciences occultes inspire ce respect mêlé de terreur qui s'attache à la personne d'un habile magicien. Les hagiographes de sainte Élisabeth lui font prédire la naissance de leur héroïne (1); sa renommée poétique est assez grande

---

(1) *Voy.* la note IX à la fin du volume. — M. de Hagen, dans sa biogra-

pour qu'on n'hésite pas à lui attribuer tantôt la lutte de la Wartbourg, tantôt l'épopée des *Nibelungen*. Et cependant son rival Wolfram ne craint pas de donner le nom de Klingsor à un magicien de son poëme, et c'est là que nous trouvons, à défaut d'une histoire sérieuse, une biographie légendaire qui montrera une fois de plus que la magie n'intervenait pas toujours au profit de la morale dans les vieux romans. Le Klingsor du *Parcival*, possesseur de la forteresse de Châtelmerveil, y a attiré et retenu prisonnières quatre reines et la troupe nombreuse des jeunes filles qui leur servaient de cortége. La valeur de Gauvain rompt les enchantements, délivre les captives, et dans un entretien avec la plus vieille des reines, Arnive, le héros demande l'explication des mystères de ce château où sa vie a couru de si grands dangers. « Ce n'est pas sans hésiter que je vous révèle ces secrets, répond Arnive, car, s'il n'était précédé d'une excuse, le récit que vous allez entendre serait mal placé dans la bouche d'une femme. » Cette précaution n'est pas inutile. Klingsor, neveu du célèbre magicien Virgile dont Naples s'enorgueillit encore, était duc de la terre de Labour, et gouvernait Capoue. En même temps le roi Ibert régnait sur la Sicile ; Klingsor, épris de la reine Iblis, la séduisit. Instruit de ces criminelles amours, le roi n'eut pas de peine à surprendre le

---

phie de Reinmar l'Ancien, appelle Klingsor un être presque mythique. (*Den fast mythischen Klingsor von Ungerlant*, t. IV, p. 189.)

coupable, et lui infligea le supplice que la vengeance de Fulbert fit jadis subir à Abailard. Klingsor alla cacher sa honte en Perse où il étudia la magie. De retour en Europe, et redoutable par sa nouvelle science, il obtint du roi de Rochesabin, Irot, la montagne où s'élève le manoir de Châtelmerveil et le territoire d'alentour. C'est là qu'il se retire, c'est là que, devenu l'ennemi du genre humain, il se plaît à le tourmenter par ses enchantements. Cette scandaleuse histoire contraste avec la chasteté ordinaire aux récits du *Parcival*. Sans doute les fées, les sorcières, les magiciens de la Table-Ronde n'ont pas en général des mœurs plus édifiantes que celles du fabuleux Klingsor. Mais Wolfram, en accueillant ces légendes, en a séparé l'élément impur, et il a suivi cette fois les errements des plus légers conteurs. La vie de Klingsor et ses rapports avec Wolfram pourraient peut-être, s'ils étaient mieux connus, éclaircir ce mystère. Nous n'entreprendrons pas de l'expliquer ; nous remarquerons seulement tout ce que cet abus de la magie dans les romans pouvait introduire avec lui d'immorales anecdotes. Wolfram a cédé à la prédilection du moyen âge pour ce genre de fables, et ce qui prouve combien il était difficile de se soustraire à cette influence, c'est que l'épisode de Klingsor n'était pas en quelque sorte imposé par la tradition légendaire du *Parcival*. Les aventures de Gauvain dans un château merveilleux se retrouvent dans le *Perceval* français. Les détails du poëme allemand se rapprochent de ceux qu'ont donnés les trouvères, et proviennent de la même source. Gauvain est conduit dans un appartement où est dressé un lit magnifique. Il y prend place, mais aussitôt se fait entendre un fracas horrible ; des quatre murs de la chambre sortent des arcs, et une grêle de traits accable le héros ; son bouclier est percé, il reçoit mainte blessure ; enfin entre un géant armé d'une massue, qui, s'apercevant qu'il respire encore, déchaîne sur lui un énorme lion. Gauvain combat ce nouvel adversaire, en triomphe, mais tombe épuisé sur le corps de son ennemi vaincu (1). Cette aventure rappelle par quelques-uns de ses détails le roman de l'*Atre Périlleux*; c'est un emprunt de la légende de Perceval à la longue et merveilleuse histoire de Gauvain, mais c'est à l'imagination ou à la malice de Wolfram qu'il faut rapporter les aventures de Klingsor. Sans doute tout n'est pas condamnable dans ces épisodes de magie : plus d'un passage n'est que bizarre ou amusant. Ainsi dans le manoir de Châtelmerveil se trouve un pilier sur lequel se reflète comme en un miroir tout ce qui se passe à huit milles à la ronde ; ce qui permet à Gauvain de surveiller fort commodément les actions d'Orgueilleuse, la dame de ses pensées. Mais on conçoit que le mal se soit facilement mêlé à ces

---

(1) Ci devise coment mesire Gauvain se coucha au lit perillieus l'escu au col, et coment on traioit a li saietes quil ne savoit dont il venoient, et estoient fichiees en son escu. Et après ce un lyon issi d'une chambre a qui il se combatit, et tant avint que le lyon fu ocis. Et demoura un de ses piez dehors l'escu et lautre par dedens. (*Perceval le Gallois*, ch. vii.)

caprices de l'imagination, quand on voit le grave et austère Wolfram s'être une fois laissé corrompre par le goût de son siècle.

Cet idéal de pureté, que se proposait parfois la poésie chevaleresque, ne fut donc jamais complétement atteint, puisque dans le moins profane de tous les romans on voit le dogme trop souvent effacé, et la morale parfois blessée. Le moyen âge, qui aima tant une littérature si souvent en désaccord avec ses croyances, n'est donc pas le plus beau type d'une société chrétienne. L'Église y eut une influence immense et un noble rôle. Des éléments impurs que lui lègue le paganisme et que lui apporte la barbarie elle tire la civilisation moderne; cela suffit à sa louange, et ce serait diminuer sa gloire que de dissimuler les obstacles dont elle dut triompher. Cette résistance des mauvais instincts de l'homme à cette loi si pure, nous la trouvons attestée, dans l'histoire par les cruautés et les souillures qui déshonorent les annales de ces siècles sanglants, dans la littérature par les écarts profanes des cycles légendaires et l'immoralité des fabliaux. La puissance temporelle n'est pas toujours le signe d'un véritable empire sur les âmes. De ce que l'Église intervenait partout au moyen âge, on a trop facilement conclu qu'elle avait tout régénéré sans peine. Au contraire, elle assista souvent, spectatrice impuissante, aux désordres qu'elle réprouvait, un peu comme cet évêque de la cour d'Arthur, qui bénissait fort régulièrement les plats, mais dont la présence à la Table-Ronde n'empêchait pas le cours encore bien plus régulier des galants propos et des amours légers, pour ne point rappeler de plus coupables faiblesses.

§ II. — DU SENTIMENT DE LA VALEUR ET DES CARACTÈRES DE GUERRIERS.

Dans une société guerrière, le courage est la première de toutes les vertus ; aussi voyons-nous qu'au moyen âge la valeur est la qualité essentielle du chevalier : il peut oublier d'être pieux ou cesser d'être chaste, mais il ne peut être lâche sans exciter le mépris. Ce sentiment de l'honneur militaire, qui eut une si grande influence sur la civilisation moderne, a surtout ses origines dans les mœurs de l'ancienne Germanie. Ce n'est pas qu'on n'en retrouve de magnifiques traces dans l'histoire des armées grecques et romaines ; mais les hauts faits de l'antiquité s'expliquent à Rome par le sentiment du devoir ou la force de la discipline, en Grèce par l'idée de la patrie et l'amour de la liberté. Le guerrier se sacrifie au bien de l'État ; il meurt au poste où on l'a placé ; il donne tête baissée dans les rangs ennemis ou fait une prudente retraite, selon qu'il importe au salut de l'armée ; la cause est tout, et l'homme n'est rien. Léonidas eût partagé avec d'autres chefs la gloire de défendre les Thermopyles, si, en appelant leur secours, il eût préservé la Grèce de l'invasion. Au contraire, au défilé de

Ronceveaux, Roland peut rappeler l'armée de Charlemagne, dont le retour va lui assurer la victoire; mais il est indigne de lui de demander du secours, et il refuse de sonner son Olifant. L'héroïsme est devenu tout personnel; la patrie n'en profite plus, et peu importe que le héros triomphe ou succombe, s'il s'est montré parfait chevalier. Si nous ajoutons à ce nouveau sentiment le dédain du repos, l'amour de la guerre pour elle-même et la fidélité aux étendards du suzerain, nous reconnaîtrons dans les preux du moyen âge les vrais descendants des Germains de Tacite, à qui la passion des armes faisait dédaigner de gagner au prix de leurs sueurs ce qu'ils pouvaient conquérir au prix de leur sang, et qui, inviolablement attachés à leur chef, mettaient leur gloire à le protéger, à le défendre et à augmenter sa gloire par leurs exploits (1).

Né sur une terre barbare, ce culte des armes eut, comme tout autre sentiment, besoin d'être purifié par le christianisme. Dans une société peu cultivée on passe facilement du mépris de sa propre vie au mépris de la vie d'autrui, et les guerriers qui savaient si bien s'exposer dans tous les hasards igno-

---

(1) Pigrum quinimo et iners videtur sudoribus acquirere quod possis sanguine parare ....

Jam vero infame in omnem vitam ac probrosum superstitem principi suo ex acie recessisse. Illum defendere, tueri, sua quoque fortia facta gloriæ ejus assignare, præcipuum sacramentum est.

(Tacit. *De Moribus Germanorum*)

raient souvent ce respect des faibles, des blessés et des vaincus, qui fit plus tard l'honneur de la chevalerie; et, même dans leurs plus beaux temps, les mœurs chevaleresques conservent une certaine rudesse, trace évidente de leur origine. Les tournois sont souvent ensanglantés; et partout où les mœurs peuvent se ressentir encore de l'influence barbare, on voit cet amour des joutes guerrières dégénérer parfois en cruauté. Les annales de la Germanie en offriraient mainte preuve; mais comme les instincts de la barbarie sont partout les mêmes, que les peuples s'appellent Celtes ou Germains, il est plus curieux d'en chercher un exemple au berceau de notre légende, dans le *Mabinogi de Pérédur*. L'oncle du jeune Gallois lui demande s'il sait manier l'épée : « Je ne le sais pas, dit Pérédur, mais je le saurai bientôt si on me l'apprend. — Qui sait manier le bâton peut aussi manier l'épée, » dit le vieillard. Et il appelle ses deux fils, dont l'un avait les cheveux blonds, l'autre les cheveux noirs; il leur fait commencer une joute avec le bâton et l'écu. « Chère âme, dit le vieillard à Pérédur, lequel des deux jeunes gens trouves-tu le plus fort? — Je pense que si le jeune homme aux cheveux blonds le voulait, il tirerait du sang à son frère. — Eh bien, prends le bâton du jeune homme aux cheveux bruns, et essaye de vaincre le jeune homme aux cheveux blonds. » Pérédur commence le combat, et d'un coup de bâton fait à son adversaire une telle blessure, que l'un de ses sourcils retombe sur son œil, et que le sang coule en abondance. « A merveille, dit le vieillard ; reviens, chère âme, t'asseoir auprès de moi ; car un jour nul guerrier, dans cette île, ne maniera l'épée mieux que toi (1). » Peu importe au vieillard que le sang de son fils ait coulé, il est heureux, puisqu'il a vu bien faire des armes ; et dans sa joie il ne se souvient plus qu'il est père.

Les mœurs s'adoucissent, mais les chevaliers conservent toujours l'humeur entreprenante des barbares. A peine sont-ils formés qu'ils partent pour chercher les périls ; la vie sédentaire leur est odieuse. Gamuret abandonne Bélacane et Herzéloïde pour retourner au milieu des camps. Mais heureusement cette humeur inquiète ne fait pas seulement des chevaliers infidèles ; elle inspire aussi un désir passionné de gloire que nos romans ont parfois vivement exprimé. « Mon cœur, dit Gamuret à son frère, aspire aux grandes choses ; je ne sais quel sentiment l'agite et le fait palpiter au-dedans de moi, ni où me pousse l'ardeur qui m'anime (2). » On croit entendre le bouillant Nisus :

Aut pugnam, aut aliquid jamdudum invadere magnum,
Mens agitat mihi, nec placida contenta quiete est.

Mais le chevalier ne relève pas seulement de son

---
(1) *Mabinogi de Pérédur*, c. 8.
(2)   Min herze iedoch nâch hoêhe strebet,
       Ine weiz war umbez alsus lebet,
       Daz mir swillet sus min vinster brust ;
       Owê war jaget mich min gelust.   (*Parcival*, 9, 23.)

épée : pour mériter cette gloire qu'il a rêvée, il faut qu'il se soumette à d'austères devoirs. Les vieux chevaliers, dont la vertu éprouvée a noblement fourni une longue carrière, seront ses instituteurs et ses maîtres. C'est ainsi que Parcival a pour mentor Gurnemans de Graharz. L'accueil que Parcival a reçu dans le manoir de Gurnemans ne saurait être plus bienveillant ni plus paternel; mais rien n'égale aussi la sévère liberté avec laquelle le vieux châtelain l'instruit de ses devoirs. « Vous parlez comme un enfant (1), » lui dit-il; et, plus tard, ce ne sera pas avec moins de liberté que Cahénis, le chevalier pèlerin, reprochera à Parcival d'oublier Dieu et le mystère de la Passion. Et les jeunes guerriers écoutent docilement les avis ou les réprimandes de ces rudes gardiens des traditions chevaleresques; la soumission et le respect ont remplacé la farouche indépendance du barbare.

Le premier devoir du jeune chevalier est d'être fidèle à la pudeur, principe de toutes les vertus. « Que vaut, en effet, une vie déshonorée? Ainsi que tombe le poil d'un animal qui mue, de même toute dignité abandonne le chevalier impudique, et le vice le prédestine au feu de l'enfer (2). » Ce familier et énergique langage peint bien l'horreur que doit

(1)   Ir redet als ein kindelin.   (170, 10.)
(2)   Verschamter lip, waz touc der mèr?
      Der wont in der mûze rêr,
      Dâ im werdekeit entriset
      Unde in gein der helle wîset.   (170, 17.)

inspirer l'impureté. Quant au courage, Gurnemans n'a pas besoin d'en faire un précepte. Que serait un chevalier s'il n'était brave? « Mais, dit-il à Parcival, que la miséricorde s'allie en vous à l'audace. Si votre ennemi crie merci, n'allez pas le traiter de telle sorte que vous en éprouviez du remords; acceptez sa foi et laissez-lui la vie... (1) Soyez miséricordieux pour l'homme qui souffre. Que vos bienfaits et vos dons généreux adoucissent son chagrin. Aidez à l'homme noble accablé par le malheur. La honte l'empêche de tendre la main, et cette douleur qui se cache est la plus cuisante de toutes; mais Dieu récompense celui qui va secourir sa misère (2). » Ainsi, la pudeur et la pitié résument toute la morale chevaleresque, et ces deux vertus éminemment chrétiennes essayeront de guérir les deux plaies d'une société guerrière : la cruauté et la licence.

Ces enseignements étaient une sorte d'Évangile : « Suivez exactement mes conseils, ajoute Gurnemans, et vous marcherez toujours dans la bonne voie (3). » Et le parfait chevalier devait, quoi qu'il advînt, rester fidèle observateur de la règle qu'on

---

(1) Lât derbärme bî der vrävel sin....
An swem ir strites sicherheit
Bezalt, ern hab in sölbiu leit
Getân din herzen kumber wesn,
Die nemt, und lâzet in genesn.   (171, 25.)

(2) Swenne ir dem tuot kumbers buoz
So nâhet iu der gotes gruoz.   (171, 3.)

(3) *Parc.*, 170, 12.

lui avait tracée. Parcival sera victime de cette scrupuleuse obéissance, lorsque, pour obéir au précepte de ne pas adresser de question indiscrète, il n'osera demander l'explication des mystères du Graal. Enfin un seul mot comprend tous les devoirs de cette société nouvelle, c'est l'honneur. Son empire est assez fort pour que l'amour même cède à ses lois.

Gamuret, au moment de célébrer ses noces avec Herzéloïde, reçoit un message de son amie d'enfance, la reine de France Anflise. Cette princesse l'aime, son rang lui interdisait de songer à l'hymen d'un simple chevalier; mais maintenant que la mort de Galoès a donné à Gamuret la couronne d'Anjou, elle lui offre d'unir sa destinée à la sienne. Gamuret répondra-t-il à tant d'amour? Son cœur y incline; mais il vient de conquérir la main d'Herzéloïde; doit-il l'épouser? La question est portée devant un tribunal de chevaliers; on décide que l'honneur oblige Gamuret à accepter la main d'Herzéloïde; et il se soumet au jugement.

Il n'est qu'un point sur lequel la morale chevaleresque n'a pas changé les sentiments du monde féodal. Les preux conservent le mépris du vilain, de cette race taillable et corvéable à merci qui peuple leurs domaines. Si Wolfram met en scène un paysan, il a soin de lui donner des instincts bas et grossiers. Ainsi Parcival, sur la route de Nantes, demande l'hospitalité à un pêcheur. Cet homme avare reçoit de lui un riche présent, l'admet dans sa cabane, mais le laisse manquer de tout, et, le lendemain, le fait partir à jeun pour la cour d'Arthur. A quelque distance de Nantes, il cesse de lui servir de guide ; car aucun vilain ne peut approcher de la noble réunion des chevaliers de la Table-Ronde (1). Les vertus sont le privilége de la classe des seigneurs ; elle n'en reconnaît aucune dans le serf, elle profite de ses labeurs et le chasse de sa présence.

Parcival est par-dessus tous les preux rigide observateur des vertus chevaleresques ; mais il est prédestiné à la royauté du Graal, et le ciel qui le réserve à cette haute faveur le préserve de tout ce qui pourrait le rendre indigne de ce noble rang. Gauvain, héros spirituel et aimable non moins que brave, plus près des humaines faiblesses auxquelles il a parfois sacrifié, fut au moyen âge encore plus populaire que Parcival. Son nom est mêlé à tous les romans de la Table-Ronde ; il est de toutes les expéditions où il y a quelque gloire à acquérir. Comme Parcival, Gauvain est un guerrier celte transformé par la légende. On le retrouve dans la littérature galloise, sous le nom de Gwalh-maï, remplissant auprès d'Arthur l'office de héraut d'armes. Plus tard, il figure parmi les vassaux d'Arthur, lorsque commence la conquête du monde, et que s'est déjà fondé l'empire fabuleux des Bretons ; alors sa famille règne sur les îles Orcades (2) ; enfin

---

(1) *Parcival*, 142, 15 ; 144, 12.
(2)   Si i fu le roy d'Orcanie
       Le pere monseignor Gauvain.   (*Perceval le Gallois.*)

quand la conquête du monde est achevée, les États de Gauvain sont à la fois reculés et agrandis; son père est roi de Norwége; il prend part au tournoi où l'on combat pour la main d'Herzéloïde, et Gauvain, héritier d'un roi si puissant, marche l'égal des plus illustres prinees.

A Parcival et Gauvain s'oppose le type de la chevalerie dégénérée, Kai, le majordome d'Arthur. Kai n'a pas toujours eu un si misérable rôle; il apparaît dans les plus vieilles traditions celtiques comme un être mystérieux, doué d'un pouvoir presque surnaturel. « Kai, dit le *Mabinogi de Kilwch et d'Olwen*, avait cette faculté que sa respiration durait neuf jours et neuf nuits sous l'eau, et qu'il pouvait vivre neuf jours et neuf nuits sans dormir; il pouvait à son gré se rendre aussi grand que les arbres les plus élevés de la forêt. » Dans le *Mabinogi de Pérédur* commence déjà la métamorphose. Kai maltraite le nain et la naine qui ont prédit la grandeur du héros, et le rude traitement que lui fera éprouver plus tard Pérédur est la juste punition de sa brutalité. Cependant, ce n'est pas encore ce personnage médisant, faible et poltron que nous retrouvons dans les romans français (1). Il est encore digne de l'amitié de son roi : « Arthur, dit le *Mabinogi*, fit transporter Kai dans sa tente, et manda d'habiles

---

(1)   Monseignor Keux le Seneschal
       Costumier est de dire mal.
                    (Chrétien de Troyes, *le Chevalier au Lion.*)

chirurgiens, déplorant vivement l'accident arrivé à son majordome; car il l'aimait beaucoup. » Une circonstance fortuite fit du sénéchal Kaï le Thersite de la Table-Ronde. Il est des noms qui portent malheur dans la littérature comme dans le monde; celui de Kaï avait le tort de ressembler au mot *Keux* qui, dans le vieux français, signifiait cuisinier ; et ses fonctions de majordome firent naturellement penser à cette traduction trop facile. On lui donna les mœurs de la classe où il venait d'être relégué; classe dont la mauvaise réputation, attestée dans l'antiquité par l'*Aulularia* de Plaute, a fait plus tard d'un diminutif de *coquus* l'une des épithètes injurieuses de notre langue. Dès lors maître Keux est devenu hâbleur et fanfaron : toujours en quête d'entreprises, que sa poltronnerie et sa faiblesse font tourner à sa honte, soit qu'il veuille, comme dans *Lancelot de la Charette*, délivrer Genièvre, et demeure seulement prisonnier avec elle, soit qu'il tremble, comme dans *Frégus et Galienne*, chaque fois que revient à la cour d'Arthur un captif qui lui rapporte les menaces du héros outragé. Il déshonore sans cesse la Table-Ronde et s'attire les invectives de Gauvain. Les conteurs allemands ont suivi la tradition des trouvères, et bien qu'ils rendent au sénéchal son nom primitif, ils lui laissent son odieux caractère. Wolfram a donné peu d'importance à ce personnage. Il voulait surtout faire aimer la perfection chevaleresque, peu lui importait d'insister sur les mésaventures de Kaï; il n'en a reproduit que ce qui était essentiel à sa légende; mais il nous montre bien en lui un méprisable chevalier. Ainsi parmi tous les preux qui apparaissent dans son poëme se distinguent ces trois types, qui résument en eux tous les caractères des guerriers. La chevalerie s'élève en la personne de Parcival jusqu'à une sorte de sacerdoce; Gauvain est seulement plein de valeur et de courtoisie; Kai flétrit par sa basse conduite ce titre de chevalier qu'il est indigne de porter. Aussi Wolfram l'abandonne après quelques paroles de dédain; Gauvain obtient ses éloges; mais il réserve à Parcival, à la chevalerie chaste et pieuse du Graal, toute la gloire et tous les honneurs.

Et cependant nous pouvons déjà pressentir dans Wolfram la décadence de l'esprit chevaleresque; car l'épisode de Kai nous révèle un des côtés puérils de la vie de manoir. Qui maltraite-t-il, en effet, pour avoir prédit la grandeur de Parcival? C'est Kunneware, noble demoiselle, qui ne voulait pas rire tant qu'elle n'aurait pas vu le plus brave des preux; c'est Antanor, son chevalier, qui ne voulait point parler tant qu'il n'aurait pas vu rire la dame de ses pensées. Le *Mabinogi* est ici bien supérieur au *Parcival*. Combien l'on préfère à Kunneware et Antanor ces êtres mystérieux, vieux hôtes protecteurs d'une famille, le nain et la naine du comte Evrawc, muets depuis la mort du noble seigneur auquel ils avaient associé leur destinée, et rompant ce silence pour prédire le brillant avenir de son fils! Nous sommes transportés dans ce monde celtique, tout peuplé d'êtres surnaturels, où chaque clan a ses génies protecteurs, chaque maison ses nains familiers; et au lieu de ces poétiques images nous trouvons dans le *Parcival* ces vœux étranges qui rempliront plus tard les romans, quand leurs auteurs n'auront plus d'autre but que de rendre la chevalerie ridicule; et nous devinons déjà combien il deviendra facile de railler les chevaliers errants.

Heureusement les preux de Wolfram se bornent en général à être fidèles aux lois de l'honneur, sans s'assujettir à d'aussi vaines observances. Mais l'honneur n'est pas la seule règle de leur vie. Aux austères devoirs qu'il impose il faut une douce récompense. Cette récompense, c'est l'amour : « Car, dit Wolfram, c'est auprès des nobles dames et dans leur amour qu'un cœur audacieux trouve une consolation ou un refuge contre l'infortune (1). »

§ III. — DU SENTIMENT DE L'AMOUR ET DES CARACTÈRES DE FEMMES.

La poésie chevaleresque, qui fit si peu de place aux dogmes chrétiens, dut pourtant ses plus heureuses inspirations à un sentiment né du christianisme; car elle n'exprima rien plus noblement que l'amour. Il ne faut pas oublier sans doute que, là aussi, nous rencontrons deux écoles, et que l'une d'elles nous entretient sans cesse d'une ardeur au moins profane, quand elle n'est pas coupable. Mais

(1) *Parcival*, 4, 18.

si nous négligeons ces trop nombreuses erreurs pour nous demander simplement sous quelle influence les vieux auteurs trouvèrent leurs plus poétiques accents, il ne faut pas hésiter à nommer l'amour, qui fut comme la seconde religion du moyen âge, et répandit quelque charme dans cette société à demi barbare, quand il eut été lui-même purifié par le christianisme ; car la chasteté des mœurs, due à la foi nouvelle, put seule rendre à la femme son véritable rang, et changer en un culte durable ce respect dont on retrouve les traces dans l'ancienne Germanie. Ce sentiment fut cher au moyen âge. Wolfram n'eut tant de renommée que parce qu'il fut par excellence le poëte de l'amour et qu'il peignit un amour sans tache. Nous en avons la preuve dans une curieuse strophe de Reinmar de Zweter, où, rappelant l'immense popularité du *Parcival*, il compare une femme pure au Saint Graal et associe la renommée de Wolfram à l'éloge qu'il fait de sa vertu. « Honneur, dit-il, à la femme qui se garde de toute fausseté, et dont la vie irréprochable mérite la louange des sages ! C'est là le nouveau Graal dont il faut se mettre en quête en ramenant parmi nous le règne de la chasteté et de la douceur ;... l'homme qui tiendra un tel bienfait de la bénédiction du ciel n'a pas à craindre que jamais la honte puisse le flétrir (1). » C'est noblement concevoir la pureté, et

---

(1) *Sprüche Herrn Reinmar's von Zweter*, ap. Wackernagel, *Altdeutsches Lesebuch*, p. 685.

Wolfram n'en donne pas une moins grande image :
« Rien n'est plus pur sur la terre, dit Trevrézent à
Parcival, qu'une jeune vierge exempte de toute fausseté. Vois combien la pureté est belle, puisque Dieu
lui-même voulut naître d'une vierge (1). » Voilà l'enseignement que nous avait promis le poëme, et non-
seulement la morale religieuse nous apparaît à l'occasion de l'amour, mais nous retrouvons quelque
chose du dogme lui-même; car cette chasteté que
prêche le poëte a eu son plus parfait modèle en la
Vierge Marie. Les romans mystiques, de même que
les hagiographes et les chroniqueurs, attestent cette
salutaire influence du culte de Marie qui, vierge et
mère, donnait à toutes les conditions comme à tous
les âges de la vie l'exemple de quelque vertu. C'est
pour l'imiter qu'Herzéloïde veut elle-même nourrir
son enfant; « car la plus noble de toutes les reines
a aussi nourri son divin Fils qui subit pour nous le
cruel supplice de la croix (2). » Ces gracieux souvenirs ne contribuèrent pas seulement à purifier et
à embellir le foyer domestique, ils inspirèrent ces
vieux poëtes. Wolfram leur dut quelques-unes de
ses belles maximes, Gottfried de Strasbourg, un ad-

(1)   In der werlt doch niht sô reines ist,
Sô diu magt ân valschen list.
Nu prüevt wie rein die meide sint :
Got was selbe der meide kint.   (464, 23.)
(2)   Diu hœhste künneginne
Jêsus ir brüste bot,
Der sit durch uns vil scharpfen tôt
Ane kriuze mennischliche enphienc.....   (113, 18.)

mirable cantique ; et jusque dans les récits d'où la poésie est trop absente, ils firent trêve à la monotonie en semant quelques idées plus riantes dans cette incolore versification. Ainsi dans le roman du Saint Graal, l'expression, si ordinairement faible et traînante, a pris pour louer Marie une grâce et une vigueur inattendues :

> Simple, douce, mout bien apprise,
> Toute la fist a sa devise.
> Pleinne fu de toutes boutez,
> Et li assist toutes biautez.
> Ele est fleirant com esglantiers ;
> Ele est aussi com li rosiers,
> Qu'ele porta la douce rose
> Qui fu dedans son ventre éclose.

Mais le culte de Marie n'étant qu'un hommage rendu à la pureté, cette influence mystique fait comprendre le prix que les beaux temps de la chevalerie attachèrent à cette vertu, et l'éloge qu'en ont fait les minnesinger. Cet idéal ne fut pas toujours la règle de la vie commune ; les fabliaux sont là pour l'attester. Mais ce fut le mérite des minnesinger d'avoir moins sacrifié à cette galanterie sensuelle, la gloire de Wolfram de l'avoir bannie, et l'honneur de la société féodale de son temps d'avoir admiré et répété des vers qui renfermaient parfois d'aussi graves leçons. « Car mes chants, dit Wolfram, ne s'adressent pas seulement aux hommes ; les femmes doivent aussi les entendre. Celle qui écoutera mes conseils saura comment se conserve son honneur, à qui elle doit accorder son amour, et comment, fidèle à la sagesse, elle ne déplorera jamais la perte de sa vertu (1). » Ce secret précieux nous est bientôt révélé : « La pudeur, dit Wolfram dans un beau vers, est le rempart des bonnes mœurs (2). » Voilà ce qu'il estime, ce qu'il veut faire estimer. C'est à de telles femmes qu'il offre ses chants, dont il se croirait amplement payé par un doux sourire; car c'est là le seul prix qu'il réclame à la fin du *Parcival*. La louange des femmes vertueuses sera le plus digne remercîment de ses peines; mais il ne veut point acheter par ses hommages l'approbation des femmes légères ou coupables, de celles dont la fausse vertu « est comme une glace légère qui fond aux rayons du soleil d'août (3). » Pour elles, point de pardon ; déchues du haut rang où il les avait placées, il n'a pour elles que du mépris. Il avait, lui aussi, éprouvé l'ingratitude d'une noble dame, et il n'hésite pas à lui lancer l'anathème. « La pince de l'artisan, dit-il dans son énergique langage, ne presse pas plus étroitement l'objet qu'elle enserre que ma haine ne s'attache vivement à la femme qui

---

(1) Swelhiu mîn râten merken wil,
Diu sol wizzen war si kêre
Ir prîs und ir êre,
Und wem si dâ nach si bereit
Minne und ir werdekeit,
Sô daz si nicht geriuwe
Ir kiusche und ir triuwe. (2, 26.)
(2) Scham ist ein slôz ob allen siten. (3, 5.)
(3) Wie stæte ist ein dünnez îs
Daz ougestheize sunnen hât ? (3, 8.)

m'a trompé (1). » Aussi n'est-il pas étonnant que ce loyal et austère chevalier n'ait jamais tracé la peinture d'un amour coupable ; la femme apparaît dans son poëme comme amante, comme épouse, comme mère ; mais on n'y trouve point les aventures qui remplissent les romans de Lancelot ou de Tristan ; Gauvain lui-même, toujours brave, galant, spirituel, grand dompteur de monstres et grand pourfendeur de chevaliers félons, a perdu les défauts qui lui donnèrent parfois, sous d'autres rapports, une ressemblance de plus avec Thésée. Quant à Parcival, ce caractère intrépide, mais d'une innocente simplicité, convenait éminemment à notre poëte, qui a dû plus d'une fois se peindre dans son héros. « Ayez pour les femmes de l'amour et du respect, dit le vieux Gurnemans, c'est ainsi qu'un jeune homme s'attire des louanges. » Gurnemans a dit vrai. Parcival est le plus aimable des héros de romans, parce qu'il est à la fois le plus naïf et le plus chaste.

A vrai dire cette simplicité, cette innocence, commencent dans les légendes galloises : elles font le plus grand charme de la lecture des *Mabinogion* ; puis elles s'altèrent et s'effacent trop souvent dans les littératures anglo-normande et provençale pour reparaître ensuite chez les minnesinger. On pourrait donc soutenir, sans tenir compte de l'influence chrétienne, que nous devons ces conceptions plus

(1) Unt bin ein habendiu zange
  Minen zorn gein einem wibe..... (114, 14.)

pures des caractères de femmes à une certaine délicatesse de cœur inhérente à la race celtique, et que, dans leurs imitations des troubadours et des trouvères, les minnesinger ressaisirent seulement une tradition délaissée, mais non perdue, tradition dont l'origine est une gracieuse mythologie. On rapporterait ainsi aux Celtes les plus poétiques éléments de la littérature romanesque, le respect des femmes, la pureté en même temps que la familiarité des mœurs, et jusqu'à ces curieux détails, ces associations intimes des chevaliers avec un animal favori qui devient leur compagnon, leur guide, quelquefois leur libérateur.

Cependant n'y a-t-il pas quelque exagération dans cette thèse? Sans doute rien n'est plus gracieux dans nos contes gallois que l'innocent abandon qui permet aux deux sexes de se rapprocher avec dignité comme sans contrainte. Si nous prenons pour exemple le *Mabinogi de Pérédur*, nous serons aussitôt frappés de la manière dont on adresse la parole à une femme même inconnue en l'appelant « ma sœur. » On ne donne ce nom qu'à une femme respectée, et sa présence sauvegarde les mœurs tout en établissant une familière égalité. Si nous nous transportons dans ce château affamé où Pérédur va délivrer une belle châtelaine, nous la verrons entrer dans la chambre du jeune guerrier, et, passant ses bras autour de son cou, lui demander avec larmes de la protéger contre ses ennemis. Aucun mot qui puisse prêter à la plus légère équivoque ne dépare ce tableau, et quelque chose de ces mœurs primitives a pénétré jusque dans une société bien différente, jusque dans la littérature anglo-normande ; car dans l'imitation du *Mabinogi de Pérédur* qui est devenu le roman de *Frégus*, l'auteur, Guillaume, clerc de Normandie, nous représente Galienne entrant au point du jour dans la chambre où repose le héros, et venant au pied de son lit lui avouer naïvement qu'elle l'aime; et la scène est tout aussi irréprochable que dans le *Mabinogi*. Mais la littérature galloise, sauf dans ses plus anciennes traditions, s'est ressentie de l'influence chrétienne; nous l'avons remarqué en analysant la fable de Pérédur; et d'autre part cette innocence des mœurs n'y est pas si fidèlement conservée qu'on n'y retrouve au moins en germe tous les récits que développeront les trouvères. Nous savons déjà que Lancelot a dans les contes gallois son ancêtre en la personne du chef Maël; c'est aussi la poésie galloise qui nous entretient du neveu d'Arthur, Mordred, qui enlève Gwenhywar et déshonore le lit de son oncle. C'est donc en vain que l'on chercherait dans une littérature une pureté en quelque sorte née d'elle-même, et que n'ait pas enfantée l'effort de la morale luttant contre les passions humaines ; car ces passions existent partout; elles ne sont que plus vives dans l'état barbare, il n'est pas de peuple qui en soit préservé; tôt ou tard elles envahiront la poésie si elles ne sont comprimées ou par les événements qui anéantissent ou changent la littérature, ou par une influence religieuse qui la purifie. Dans le pays de Galles, toute poésie s'exhala en regrets du passé ou en espérances pour l'avenir; ce qu'on racontait de scandales de la cour d'Arthur, le mystère peu édifiant de sa naissance, disparaissaient en quelque sorte entre le souvenir glorieux de son règne et l'attente de son nouvel avénement; mais il y avait, là aussi, un germe impur qui ne demandait qu'à grandir, et d'où sortirent les romans légers ou lascifs de la Table-Ronde. De même, quelque rôle que jouent les animaux dans la mythologie des Celtes, il ne faut pas oublier que c'est dans la légende des saints bretons, et sous l'empire de la piété chrétienne que cette épopée des animaux trouva ses plus gracieux épisodes; et nous retrouvons là moins un souvenir païen qu'une pensée chrétienne. On supposait que la sainteté rendait à l'homme sur le monde le vieil empire dont la chute originelle l'avait privé; ces traditions n'ont point pour unique berceau les rochers et les forêts du pays de Galles : elles commencent dans les déserts de la Thébaïde; elles ont pour premiers héros le corbeau qui nourrit chaque jour saint Paul l'ermite, les deux lions qui creusent sa fosse, et cet autre lion qui, après avoir dévoré l'âne d'un solitaire, vient soumis et repentant se mettre à son service, et porter son modeste bagage jusqu'à la ville prochaine (1).

Laissons donc au christianisme sa légitime part

---

(1) Cf., sur l'*Épopée des animaux au moyen âge*, les articles publiés en 1854 par M. Ch. Louandre dans la *Revue des deux mondes*.

d'influence dans la littérature du moyen âge. Il ne l'inspire pas tout entière, de même qu'il ne fit pas toute cette société ; maint écrit semble protester contre ses maximes, parce que maint usage brava ses censures, et que les lettres sont l'image de la société qui les produit ou les accueille ; mais ce qui put s'introduire de pureté dans les récits légendaires est évidemment son ouvrage. D'ailleurs, quand même à l'origine il faudrait en faire honneur à la race celtique, il resterait à expliquer comment les minnesinger retrouvèrent cette tradition bien effacée par les troubadours et les trouvères ; comment ils discernèrent le bon grain de l'ivraie dans cette vaste moisson littéraire. Ils ne connaissaient pas la poésie galloise ; ils différaient essentiellement des Celtes et par l'esprit et par les mœurs ; il faudrait, au moins dans le cas particulier qui nous occupe, supposer l'intervention d'un instinct vertueux que le christianisme pourrait seul expliquer, et qu'il explique, en France comme en Allemagne, partout où, dans la littérature chevaleresque, il faut rendre compte d'un noble élan poétique ou d'une belle maxime morale. Les Celtes ont donné au moyen âge l'un de ses cycles légendaires; c'est assez de gloire pour eux : ces vaincus du vieux monde ont par quelques points dominé leurs vainqueurs ; mais c'est exagérer l'importance de leur rôle que de leur attribuer un si grand empire et sur les sentiments et sur les âmes.

Aussi le *Parcival* exprime une morale plus pure

que les contes gallois, tout en conservant quelque chose de leurs naïfs détails. Chez Gurnemans de Graharz, lorsque Parcival se lève encore fatigué d'une trop longue chevauchée, ce sont « les douces et blanches mains des jeunes filles » qui lui apprêtent le bain. Les mêmes mains l'avaient aidé la veille à se débarrasser de ses armes ; car une innocente liberté confie aux femmes le soin des chevaliers malades ou blessés. Condviramur, effrayée des attaques du roi Clamide et du sénéchal Kingron, vient pendant la nuit s'agenouiller tout en pleurs auprès du lit de Parcival, afin de réclamer son assistance ; et lorsqu'il rentre à Belripar, vainqueur de tous ses ennemis, elle se jette à son cou avec effusion, protestant que, s'il l'aime, elle n'aura jamais d'autre époux. Le cœur de Parcival n'était pas demeuré insensible à ses charmes, et ainsi se conclut cette union sans aucun des incidents romanesques qu'un conteur plus moderne y eût mêlés.

Tel est l'esprit de Wolfram : l'amour étrange et romanesque répugnait à ce caractère simple et droit. Il n'est pas exempt de ce goût pour les aventures qui domine tous les romans du moyen âge. Il se plaît à compliquer sa légende, à rattacher entre eux les personnages même secondaires de son poëme par d'obscures généalogies ; mais dès qu'il s'agit de la vie de famille, de la pureté des mœurs, il devient naturel et vrai ; ce n'est plus à son imagination qu'il demande conseil : on voit qu'il arrête ses regards sur un intérieur bien réglé, où règnent une cordiale simplicité et un amour sincère. Voilà ce qu'il veut faire aimer, et il n'a pas besoin de retarder par mille obstacles ce bonheur qu'il veut peindre ; il le prend tel qu'il se peut produire dans la vie commune, et le montre comme un but qu'il est facile d'atteindre, quand une folle passion ou les écarts du vice ne détournent pas du chemin.

Aussi est-ce leur candeur et leur pureté qui rendent singulièrement aimables ses héroïnes préférées, Condviramur et Urepanse de Joie ; mais elles n'excitent pas l'intérêt par de nombreuses aventures. Condviramur épouse Parcival, règne avec lui et lui donne deux fils. Parcival quitte ensuite Belripar pour aller à la recherche de sa mère ; là se placent les cinq années de sa vie errante, son éloignement de Dieu, et son aversion pour les hommes ; mais Condviramur, toujours présente à son esprit, le préserve du désespoir et le retient sur le bord de l'abîme. Dès qu'il a été couronné roi du Graal, elle le rejoint à Montsalvat, pour reprendre avec lui la vie pure et simple qu'ils menaient avant leur séparation. Urepanse apparaît à Parcival chez le roi Pêcheur ; le poëte fait remarquer alors sa merveilleuse beauté, et Trevrézent nous apprend que son âme est encore plus belle, puisque sa vertu l'a fait choisir pour porter le Graal. Tant d'attraits servent à la conversion de Fièrefils, qui reçoit le baptême afin de l'épouser. La princesse suivra le héros dans ses États d'Orient, où elle répandra la foi chrétienne, où elle donnera le jour à un fils qui réunira le double caractère de la royauté et du sacerdoce. Les longs débats d'amour n'étaient pas le fait de ce chevalier, plus soucieux de conserver la pudeur que d'exciter la passion. Aussi est-il toujours attentif à bannir toute pensée sensuelle, et la seule allusion qu'il y ait faite sert encore à glorifier la pudeur : il nous apprend, en effet, que Parcival, devenu l'époux de Condviramur, respecta trois jours sa virginité, et qu'alors seulement ils sacrifièrent « à ces vieux rites d'amour toujours nouveaux (1). » L'expression rappelle, moins la malice, la naïveté de nos trouvères. Mais ce qu'ils n'ont point connu, et ce que possède Wolfram, c'est ce sentiment grave et profond de la sainteté du mariage, qui lui fait indiquer plutôt que dépeindre l'amour, et lui fait aussi trouver le véritable accent de la douleur, quand l'abandon ou la mort ont brisé cette union. Nous prendrons pour exemples Sigune, Herzéloïde et Bélacane.

La vie de Sigune est toute consacrée à la prière et au culte de la mémoire de son époux Schionatulander. Elle se bâtit une cellule sur son tombeau, y passe ses jours dans la pénitence, et c'est là que Parcival, se rendant à Montsalvat pour prendre possession de la royauté du Graal, trouve son corps inanimé auquel il donne la sépulture auprès de l'époux qu'elle avait pleuré. Le seul tort de cette tou-

(1) Der alte und der niwe site
  Wônte aldâ in beiden mite. (203, 9.)

chante histoire de Sigune est d'être disséminée dans divers épisodes du *Parcival*. Si d'un seul jet elle était sortie de l'imagination du poëte, peut-être Sigune serait-elle comme un premier type de ce tendre chevalier Toggemburg de Schiller, qui se bâtit aussi une cellule, non pas sur la tombe de sa bien-aimée, mais vis-à-vis du cloître où elle a pris le voile, et qu'on trouva mort un jour, les yeux encore tournés vers la fenêtre où lui apparaissait quelquefois cette image chérie. C'est le même sentiment dans des conditions différentes ; c'est à peu près la même conception ; mais tandis que Wolfram semble avoir ignoré tout ce qu'elle renfermait de poésie, le génie de Schiller en a tiré l'une de ses plus émouvantes ballades. Mais Wolfram a voulu surtout intéresser au deuil de Bélacane et d'Herzéloïde. Toutes deux pleurent Gamuret ; mais l'une déplore son infidélité et l'autre sa mort. Les poëtes ont quelquefois songé à justifier les héros qui abandonnent leurs amantes ; mais, malgré eux, ils ne leur ont jamais donné le beau rôle, et l'odieux de leur action se révèle par l'impuissante faiblesse de leurs excuses. Wolfram a évité à son héros l'embarras de pénibles adieux ; mais la lettre qu'il laisse à Bélacane ressemble bien, par le vide, aux brèves et timides excuses d'Énée. D'une et d'autre part, vaines protestations d'un reste d'amour : « Voici ce qu'un amant annonce à celle qu'il aime (1). » (*Neque me*

---

(1)   Hie entbiutet liep ein andrer liep ....

meminisse pigebit Elisæ.) Que lui mande-t-il? « Je suis un misérable de t'abandonner ainsi (1). » On l'accorde sans peine. Mais Bélacane ne partageait pas ses croyances. Bélacane, elle-même, répondra naïvement qu'elle se serait faite chrétienne pour conserver son époux. Pour consolation il lui laisse le livre de sa généalogie, prenant ainsi d'avance le louable soin d'établir le blason de l'enfant qu'elle porte dans son sein. A de si vains prétextes, à un si méprisant abandon, la reine n'oppose que des pleurs ; elle ne nous instruira pas de ce que peuvent les fureurs d'une femme; l'indigne Gamuret est assez flétri par la persistance de l'amour de Bélacane, qui le poursuivra en quelque sorte dans le fils qu'elle va mettre au monde. Le poëte suppose que la peau de cet enfant, tachetée de blanc et de noir, rappelait miraculeusement sa double origine. Cette bizarre conception a heureusement inspiré Wolfram : « La reine, dit-il, couvrit de baisers la joue blanche de son enfant, et le nomma, en mémoire de son père, Fièrefils l'Angevin (2). » On ne pouvait opposer plus de fidélité à plus d'ingratitude; et si nous avons assez témérairement rapproché de Virgile le langage encore inculte de Wolfram, qu'on le pardonne en faveur de ce sentiment

---

(1) Ich piu dirre verte ein diep.   (55, 23.)
(2) Die küngin kust in sunder twâl
Vil dicke an sinin blanken mâl ;
Diu muoter hiez ir kindelin
Fiêrefiz Anschewin.   (57, 19.)

vrai, profond, digne d'être cité, même en parlant de Virgile ; car il rappelle involontairement un charmant vers de l'*Énéide* :

Sic oculos, sic ille manus, sic ora ferebat.

Et pourquoi cet épisode ne serait-il pas un lointain souvenir de l'*Énéide ?* N'oublions pas que Wolfram fut l'élève et l'ami d'Heinrich de Weldecke, qui traduisit ou plutôt transforma l'*Énéide* en vieil allemand. La reproduction était sans doute bien infidèle ; on y parlait cependant de l'amour de Didon et du départ d'Énée. Wolfram ne pouvait ignorer les vers de son maître ; et lui-même se souvenait de ces héros dont il savait peu l'histoire, même légendaire, mais dont les noms lui étaient familiers : Énée, Didon, Carthage, Turnus, sont cités dans son poëme (1). La fuite nocturne de Gamuret, le désespoir de Bélacane, lorsque le jour vient lui révéler son malheur, font penser à la fin du quatrième livre de l'*Énéide*, et bien qu'il n'y ait là qu'une simple conjecture, il serait curieux de retrouver ainsi l'influence de Virgile à travers le moyen âge jusque dans les œuvres les plus étrangères aux traditions antiques.

(1) Disiu burc was gehèret sô
Daz Enêas Cartâgo
Nie sô herrenliche vant,
Dâ froun Didôn tôt was minnen pfant
Waz si palase pflœge....
(*Parcival*, 399, 11. — Cf 419, 12.)

L'affection de la mère se mêle encore à la douleur de l'épouse quand Herzéloïde pleure la mort de Gamuret : « Hélas, s'écrie-t-elle à cette nouvelle fatale, où est celui à qui j'avais donné ma foi? Mon cœur se dilatait de joie en songeant à Gamuret, mon digne époux, et c'est son audacieuse valeur qui me l'enlève aujourd'hui. Il était plus jeune que moi; mais j'unissais pour lui la sollicitude d'une mère à la tendresse d'une épouse; car je porte dans mon sein le fruit de son amour et la semence de sa noble race (1)..... Puisse Dieu conserver et bénir le fruit de Gamuret ! C'est la prière que je lui adresse du fond du cœur. Qu'il m'épargne un second malheur; car il me semblerait voir périr Gamuret une seconde fois (2). » Bientôt Herzéloïde devient mère : « Ses yeux versent sur son enfant une pluie de larmes; car nulle femme ne fut plus fidèle. Les soupirs et les sourires viennent tour à tour s'entremêler sur ses lèvres; car la naissance d'un fils réjouit son cœur; mais cette joie passagère fait bientôt place à son cuisant chagrin (3). »

Celui qui a si bien connu le cœur humain était

---

(1) *Parcival*, 109, 20.
(2) .....Mir sol got senden
Die werden fruht von Gahmurete
Daz ist mines herzen bete.
Got wende mich so tumber nôt :
Daz wär Gahmurets ander tôt.   (110, 14.)
(3) Ir ougen regenden ûf den knabn ;
Si kunde wibes triwe habn.
Beidiu siufzen unde lachen
Kunde ir munt vil wol gemachen.

vraiment un grand poëte ; il ne lui a manqué peut-être qu'une forme plus parfaite pour que ces peintures si vraies de la passion et de l'amour lui donnassent un rang parmi les plus illustres. Un cœur d'élite peut seul aussi noblement sentir cet idéal de vertu conjugale et maternelle, et, bien que le moyen âge ait vu commencer la vie de famille au sein de l'isolement féodal, ces charmants tableaux sont bien plutôt sortis de l'âme du poëte que de la représentation fidèle de ce qu'il voyait autour de lui. En effet, on entrevoit déjà dans Wolfram le déclin des mœurs chevaleresques, et l'abandon des devoirs austères du foyer domestique pour la vie dissipée des cours. « Il y en a peu, dit-il, qui, encore dans la fleur de leur jeunesse, abandonnent les richesses de la terre pour la gloire du ciel ; mais il n'y en a point, je mets hommes et femmes sur le même rang, il n'y en a point qui imitent le dévouement d'Herzéloïde, qui abandonna trois royaumes pour se consacrer tout entière à son enfant (1). » Ailleurs, décrivant la brillante réunion des seigneurs aux noces de Parcival et de Condviramur, il avoue qu'il n'aimerait pas à conduire la femme qu'il aime à ces fêtes, où la coquetterie et les galants propos portent bien souvent dommage au véritable amour (2). Cette

Si vreute sich ir suns geburt :
Iz schimph erlranc in riwen furt. (113, 28.)
(1) *Parcival*, 116, 5.
(2) *Ibid*. 216, 26.

censure de Wolfram nous révèle un écueil où plus d'une vertu fit naufrage. La châtelaine dans son manoir, préservée par la solitude, vaquait sans péril au soin de sa famille. Il lui était moins facile de rester fidèle à toutes ses obligations d'épouse et de mère, lorsque, entourée d'hommages, elle passait des jours à être spectatrice et juge des tournois, ou à écouter les chants des ménestrels. Les séductions de ces brillantes journées durent souvent faire oublier les obscures préoccupations du ménage et de l'éducation des enfants. Les poëtes légers purent s'en applaudir; mais le grave Wolfram s'en effraie, et bien avant lui nous entendons pousser le même cri d'alarme par un moine du XIIe siècle, Guibert de Nogent. Rien n'est plus intéressant que la naïve histoire de ce bon religieux, écrite par lui-même. Il raconte avec émotion les scènes de son enfance et les soins assidus de sa mère, auxquels il oppose les mœurs déjà peu sévères des femmes de son temps. « Hélas! dit-il, combien misérablement la pudeur et l'honnêteté sont peu à peu déchues dans la conduite des jeunes filles! Elles ont secoué, en apparence et en effet, la surveillance des femmes âgées, et dans toutes leurs manières on ne remarque plus qu'une folle gaîté; on n'entend plus que des plaisanteries; on ne voit plus que des roulements d'yeux et du babil. Leur démarche est étourdie, toutes leurs habitudes n'ont rien que de répréhensible. Leurs vêtements sont bien loin de l'ancienne simplicité : des manches larges, des tuniques étroites, des souliers dont la pointe se recourbe à la mode de Cordoue, tout enfin nous montre avec évidence l'oubli de toute décence. Une femme se croit parvenue au comble du malheur quand elle passe pour n'avoir point d'amant, et c'est pour chacune un titre de noblesse et de gloire dont elle est fière, que de compter un grand nombre de tels courtisans (1). »

Sans doute ce tableau, tracé du fond d'un cloître, est d'une sévérité fort exagérée ; mais dans un temps où la littérature rendait si populaires les lieux communs et les maximes d'amour, de telles mœurs n'étaient point sans péril. Il y eut plus de légèreté que de licence ; mais pourtant la corruption mit à profit ce goût du luxe et ce désir de plaire, et on aurait pu dire avec plus de raison qu'au XVIIe siècle :

>   Ces sociétés déréglées
> Qu'on nomme belles assemblées,
> Des femmes tous les jours corrompent les esprits.

Aussi la littérature du moyen âge, malgré les témoignages nombreux du culte respectueux qu'on vouait aux nobles dames, nous offre souvent la violente satire de leurs faiblesses. Wolfram n'a pas donné de place à la peinture du vice ; mais à côté de ses chastes héroïnes il nous a montré pourtant une de ces femmes qui font gloire du nombre de leurs amants ; c'est Orgueilleuse, vaine et altière prin-

---

(1) *Vie de Guibert de Nogent*, l. 1, c. 13.

cesse qui se plaît à être aimée sans ressentir d'amour, et abuse de la passion qu'elle inspire à Gauvain pour lui imposer des travaux dont elle ne se pressera point d'accorder la récompense. Ce sentiment, qui dut être fréquent aux siècles de chevalerie, a été admirablement exprimé de nos jours dans une ballade de Schiller, intitulée : *Der Handschuh, le Gant*. La scène est dans un amphithéâtre ; sur un signe du roi on vient d'ouvrir les loges des animaux féroces : ces terribles combattants vont s'entre-déchirer, quand la noble demoiselle Cunégonde laisse tomber son gant dans l'arène. Elle se retourne d'un air moqueur vers le chevalier Delorges, lui demandant s'il l'aime assez pour aller chercher ce gant au péril de sa vie. Le chevalier descend, traverse l'arène d'un pas ferme, ramasse entre un tigre et un lion ce que demande sa maîtresse, et remonte d'un air calme au milieu des applaudissements de la foule. L'Orgueilleuse de Wolfram rappelle bien la Cunégonde de Schiller ; toutes deux défient par leur humeur railleuse le courage d'un chevalier amoureux ; mais le dénoûment n'est pas le même. Delorges jette le gant au visage de son indigne maîtresse et l'abandonne ; Orgueilleuse se laisse enfin toucher par Gauvain et l'épouse. Cet amour, qui s'allume tardivement dans son cœur, fait oublier sa vanité et son indifférence ; elle reste blâmable sans devenir odieuse.

Ainsi Wolfram, même dans ses censures, a conservé ce respect des femmes et du mariage qui est le caractère dominant de son poëme, et la dernière allusion qu'il fasse au sentiment de l'amour est encore une charmante peinture du bonheur domestique. Lorsque Condviramur rejoint Parcival à Montsalvat, le héros, impatient de revoir celle qu'il aime, s'avance à sa rencontre. Condviramur, qui voyage sous la conduite de son oncle Kiot, s'est arrêtée pour passer la nuit sous une tente dans le même lieu où Parcival rencontra jadis la cour d'Arthur. Au matin arrive le héros; le vieil ermite Kiot l'introduit dans la tente; Condviramur et ses deux enfants reposent endormis sur un tapis d'une éblouissante blancheur. Parcival contemple en silence ces trois têtes si chères; il reconnaît avec émotion le lieu où il tomba dans une si profonde rêverie à la vue de trois gouttes de sang qui lui rappelaient sa bien-aimée; et il comprend qu'elles n'étaient qu'un symbole, un présage d'un bonheur encore plus grand. On ne pouvait mieux rappeler cet épisode, universellement reproduit dans tous les romans du Saint Graal, mais que Wolfram seul a si heureusement interprété. C'est, en effet, son plus grand mérite d'avoir en quelque sorte traduit toutes ces vagues imaginations des conteurs en austères leçons ou en récits pleins de grâce. Les gouttes de sang sur la neige sont un incident étrange où nous retrouvons toute la bizarrerie qu'affectent les littératures au berceau; mais, comme Parcival, qui préféra à son ancienne rêverie la douce réalité qu'il avait sous les yeux, nous oublions tout l'invraisemblable et le romanesque de notre légende pour ne songer qu'aux réalités que Wolfram a su cacher sous ce voile. Nous y avons trouvé l'amour noblement senti et chastement exprimé, et c'est assez, malgré les imperfections d'une légende, pour valoir à son auteur le titre de vrai poëte.

CHAPITRE V.

Appréciation générale du poëme. — Conclusion.

Si l'on trouve dans le *Parcival* l'accent de la véritable poésie, faut-il cependant attribuer sans réserve à son auteur ces qualités éminentes qui sont le privilége des hommes de génie, et souscrire au jugement de Schlegel, préférant Wolfram à Gœthe et à Schiller? Selon les triades galloises, trois choses distinguent le grand poëte : la délicatesse de l'invention, la parfaite mesure dans la composition de ses œuvres, et la dignité de l'objet de ses chants. Cette définition ne manque pas de justesse; mais il serait difficile de rencontrer ces trois qualités réunies dans les récits du moyen âge, et Wolfram, bien que le plus illustre des conteurs allemands, est encore loin de les toutes posséder.

En effet, la part de l'invention est singulièrement restreinte par l'habitude de suivre une tradition légendaire, sans y ajouter autre chose que des développements accessoires. Aucune des fables du moyen âge n'est sortie toute créée de l'imagination d'un poëte, et la longueur des romans de chevalerie, les colossales proportions des remaniements en prose qui leur ont succédé, ne doivent pas nous faire illusion sur la fécondité plus apparente que réelle de leurs auteurs. Chez eux, l'invention se réduit à deux procédés que j'appellerai, si je puis m'exprimer ainsi, l'amplification et le dédoublement. Un épisode une fois admis dans une légende est désormais reproduit sans cesse, mais toujours avec plus de détails : voilà l'amplification ; non-seulement on le reproduit, mais on le répète souvent deux fois dans un même roman, avec quelques changements de circonstances ou de personnages : voilà le dédoublement. Le cycle du Saint Graal nous en fournit plusieurs exemples.

Ainsi l'un des épisodes obligés de tous ces romans, le banquet du soir chez le roi Pêcheur, le repas où le vase mystique apparaît à Perceval, devient toujours plus pompeux et plus solennel ; et le cortége du Graal, à peine indiqué dans le *Mabinogi de Pérédur,* devient dans Wolfram une sorte de procession qui se déploie avec un savant cérémonial. Rien n'est plus simple que la scène du *Mabinogi* : on apporte dans un bassin une tête sanglante et tous les assistants fondent en larmes. Déjà dans le *Perceval* français nous sommes dans un riche manoir. Un valet paraît d'abord, tenant la lance mystérieuse ; deux pages le suivent avec des chandeliers d'or fin ; vient ensuite la jeune fille qui porte le Graal :

> Bele iert, et gente, et acesmée.
> Quant ele fu enlees entree
> A tout le Graal quele tint,
> Une si grant clarte i vint
> Quainsi perdirent les chandelles
> Lor clarté, com font les estelles,
> Quant li solaus lieve ou la lune.
> Apres celi en revint une
> Qui tint un tailloer d'argent.

Et les riches ornements du vase saint sont également décrits (1). Dans le *Parcival* nous assistons à un magnifique festin. Cent tables sont dressées ; à chacune d'elles sont assis quatre chevaliers; un nombre égal d'écuyers et de pages s'empresse à les servir; le fils d'un comte sert à genoux le roi Pêcheur. Le Graal à son entrée est précédé de vingt-quatre jeunes filles nobles qui portent les chandeliers d'or, les couteaux d'argent, les riches supports d'ivoire qui ornent la table où doit reposer le vase sacré. Le poëte décrit longuement leurs splendides vêtements de velours et de soie ; elles s'avancent par groupes, et chaque groupe est vêtu d'une manière uniforme; Urepanse de Joie les suit, le front ceint d'un diadème, et quand le Graal a été déposé devant le roi Pêcheur, elle prend place parmi les vingt-quatre jeunes filles, symétriquement rangées au milieu de la salle. Toute cette magnificence n'ajoute

---

(1) Le Graal qui aloit devant
De fin or esmeré estoit,
Pierres precieuses avoit
Des plus riches et des plus chieres.
(*Perceval le Gallois.*)

rien au sujet; la scène au fond n'a pas changé; chaque conteur y a ajouté quelque détail, et si l'un d'eux eût voulu refaire l'œuvre de Wolfram, nous verrions sans aucun doute s'accroître encore la pompe et doubler le nombre des convives.

Un autre épisode avait aussi vivement frappé les auteurs de nos romans : c'est la visite de Perceval au pieux ermite qui le réconcilie avec Dieu. Aussi cet épisode est reproduit deux fois dans le roman français, lors de la conversion du héros (1), et lors de son retour au manoir de sa mère (2). Dans le poëme allemand, le siége de Patelamunt, où la valeur de Gamuret délivre Bélacane pressée par une armée ennemie, est une imitation évidente d'un épisode plus ancien, le siége de Belripar et la délivrance de Condviramur. Lorsqu'au thème primitif de la légende les rédactions provençales ont ajouté l'histoire du père du héros, les conteurs ont répété sous le nom de Gamuret une partie des aventures de Parcival, et Wolfram a suivi naïvement la tradition sans s'apercevoir de cette redite. D'ailleurs il y avait certains récits préférés, certains cadres d'aventures que l'auditoire aimait

---

(1) Ci devise coment Perceval chevauchoit son chemin, et encontra un home qui conduisoit bien xx fames qui fesoit penitance lor chaperon devant eulz, et coment Perceval ala chiez l'ermite. (*Perceval le Gallois*, ch. 6.)

(2) Ci devise coment Perceval est venus en hostel sa mere et il trouva com ele estoit morte. Et sa suer lui fist moult bone chiere qui ne lavoit pieça veu. Ci devise coment ils viendrent chiez lermite lor oncle qui moult les reçut benignement, et devise coment Perceval se confessa de ses meffes.

(*Perceval le Gallois*, ch. 28.)

à voir reparaître dans toutes les légendes, et le conteur était loin de se refuser cette facile occasion d'être applaudi.

La même cause explique la faiblesse de la composition, le défaut d'unité des romans, et ces actions secondaires qui retardent ou entravent la marche du poëme; mais le moyen âge avait ses héros de prédilection dont on devait l'entretenir; Gauvain lui était cher, et à ce seul titre il occupe dans le *Parcival* une place presque égale à celle du héros véritable. Ce n'est donc pas aux conteurs qu'il faut demander ces conceptions toutes personnelles dont l'originalité saisit le lecteur; ou cette composition savante, cette parfaite disposition des épisodes, qui est le propre des littératures déjà mûries. Ils acceptaient sans discernement, avec le mauvais goût de leur âge, toutes les traditions qu'ils avaient pu recueillir; et, comme l'a si bien dit M. Villemain, la puissance de leur imagination n'était, pour ainsi dire, qu'une puissance de crédulité (1). Wolfram a les défauts de son siècle; mais, si pour lui l'invention se réduit à l'addition des détails, l'analyse du *Parcival* nous a montré que ces détails étaient bien souvent les sentiments vrais, gracieux, profonds que la poésie lyrique avait rendus familiers aux minnesinger; si la composition de son poëme est imparfaite, cette glorification d'un amour chaste lui donne une unité que les récits légendaires ont rarement connue.

---

(1) *Littérature au moyen âge*, leçon 7.

C'est l'amour qui préserve Parcival du désespoir au milieu de ses doutes, et qui lui fait atteindre ses glorieuses destinées; il devient le héros du poëme : quelles que soient les aventures qui ramènent dans les vers de Wolfram l'expression de ce sentiment si noblement conçu, nous retrouvons toujours le même idéal de chasteté et de pudeur; et alors la multiplicité des épisodes, les trop nombreuses digressions, s'effacent devant l'impression une, forte, durable, éminemment morale que laisse après elle la lecture du *Parcival*. On sent que la pensée de Wolfram vivifiait cette légende jusqu'à l'élever à la hauteur de l'épopée; mais l'art lui a manqué pour débrouiller le chaos des cycles légendaires. Au lieu d'une épopée, nous n'avons qu'un roman; la lumière qu'il avait entrevue s'est bien vite obscurcie; mais dans sa fuite elle a encore laissé au milieu des nuages une trace assez vive pour éclairer les pages même les plus faibles de son poëme :

Ingentemque fuga secuit sub nubibus arcum.

Les fables de la Table-Ronde ne devaient pas, en effet, aboutir à une grande épopée. Parcival, plus que tout autre parmi les preux d'Arthur, en aurait pu devenir le héros; mais Wolfram ne put lui donner cette immortalité que confère seul le génie, et ces figures légères de chevaliers amoureux, Lancelot, Tristan, Gauvain, n'avaient pas la noblesse tout à fait épique des rois du Saint Graal. Cependant on délaissa pour eux les templistes, et ce cortége de licencieuses fictions, traversant le moyen âge, arriva jusqu'aux temps modernes sans qu'une main habile en ait voulu réunir les éléments dispersés. Au XVIIe siècle, on retrouve encore de nombreux témoignages de leur immense popularité. Les romanciers s'inspiraient encore de l'*Amadis de Gaule*, et, dans sa jeunesse, Milton hésitant se demandait si les légendes de la cour d'Arthur ne seraient pas un jour l'objet de ses chants. Les fables de la Table-Ronde ont failli trouver leur poëte ; mais l'audacieux génie de Milton voulait des héros plus grands que l'homme, et nous n'avons pas à regretter qu'il se soit décidé pour le Paradis Perdu.

Les *Nibelungen* offrent bien plus que le *Parcival* les caractères d'une véritable épopée. L'action y est simple, bien enchaînée ; l'amour de Crimhilde pour Siegfried, sa haine contre les Nibelungen, dominent tout le poëme, et tout concourt à assouvir sa vengeance, jusqu'au moment où elle tombe elle-même immolée sur les corps de ses innombrables victimes. D'ailleurs les prouesses et les amours des chevaliers, uniformément répétés dans tous les romans, sont devenus pour nous un lieu commun, tandis que le vieux caractère germain, qui reparaît dans les *Nibelungen*, a pour nous le prestige de l'inconnu. Les héros unissent la mâle vigueur des temps anciens à la courtoisie des temps nouveaux ; ce qu'ils ont de barbare nous attire, ce qu'ils ont de chevaleresque nous les fait aimer. Cependant le moyen âge préféra le *Parcival* aux *Nibelungen*. Les luttes sanglantes de la cour d'Attila avaient pour lui l'attrait qu'une société guerrière trouve toujours aux récits de combats; mais ses prédilections furent pour les preux de la Table-Ronde, et pour Wolfram qui les célébra. La vie errante des vassaux d'Arthur donnait un libre cours aux caprices de l'imagination ; la galanterie, exclue des *Nibelungen*, prenait place dans toutes leurs aventures ; ces brillants cavaliers réunissaient tout pour plaire au moyen âge, et cette valeur idéale qui enflammait l'ardeur des jeunes écuyers, et ces faiblesses qu'une société galante voit toujours sans peine dans ses héros favoris, cherchant une excuse dans leurs exemples ; enfin comment ce cycle à la fois mystique et profane n'aurait-il pas charmé ce monde féodal tour à tour pieux et sensuel ? Cette préférence accordée aux romans de chevalerie fit placer Wolfram, le plus aimé des conteurs, bien au-dessus de l'auteur inconnu des *Nibelungen*. Pour nous, le *Parcival*, fort inférieur aux *Nibelungen* si l'on ne considère que la composition du poëme, doit conserver cette première place que lui assigna le xiiie siècle parmi les œuvres des minnesinger, grâce à la doctrine morale que Wolfram y a si heureusement exprimée. Les aventures des Nibelungen unissent l'émotion du drame à l'intérêt de l'épopée ; elles excitent et la terreur et la pitié ; comme dans les Sept Chefs devant Thèbes, cette tragédie que le vieil Eschyle se vantait d'avoir faite *pleine de Mars*, tout y respire la guerre et la vengeance; on est ému : mais cet idéal de chasteté que Wolfram nous a montré dans le *Parcival* est une conception plus grande, plus noble, plus pure, et qui surpasse les *Nibelungen* autant que la douceur chrétienne, manifestée par la chevalerie, surpasse la sauvage rudesse des mœurs barbares.

C'est donc le mérite du *Parcival* d'avoir fidèlement exprimé la vraie tradition chevaleresque, en rendant la vertu non moins aimable que la valeur. Cependant, aux yeux de quelques critiques, cette glorification des vertus chevaleresques et chrétiennes n'était point le but de Wolfram. Le *Parcival* a une signification symbolique, que les initiés pouvaient seuls entendre, tandis que le vulgaire répétait, sans en comprendre le sens caché, la merveilleuse histoire des rois du Saint Graal. Cette milice des templistes, si jalouse d'écarter de Montsalvat tout visiteur profane, n'est autre chose que le fameux ordre des Templiers, possesseurs d'une doctrine occulte, soigneusement dérobée à la connaissance de l'Église, afin d'échapper aux vengeances d'une impitoyable orthodoxie. Affiliés pendant les croisades aux sociétés secrètes de l'Orient, les Templiers avaient reçu cette doctrine à la fois païenne et mystique; le mythe du Saint Graal en était un symbole, et d'ailleurs le début comme le dénoûment de cette légende trahissent son origine orientale. C'est en Asie que régnait Pérille, le père des rois du Saint Graal ; c'est en Asie que ses descendants reportent le vase mystérieux quand l'Occident est devenu indigne de le posséder. Cette milice demi-séculière et demi-religieuse des chevaliers templistes s'oppose, dans la pensée des sectes hétérodoxes, à l'Église et surtout a la papauté ; elle est le vrai clergé de la religion nouvelle, qui, faible encore, abrite ses croyances sous des voiles empruntés au christianisme vieillissant. Tel est le mythe du Saint Graal, tel est aussi l'Évangile selon saint Jean, merveilleux récit dont les chrétiens n'ont saisi qu'une lettre morte, mais qui, mystiquement interprété, recèle en lui toute la religion de l'avenir dont il sera l'Évangile éternel. Mais, si attentives que soient les sectes dissidentes à dissimuler leurs doctrines, elles se révèlent toujours par leur profonde antipathie pour le saint-siége. Leurs sectateurs vont grossir les rangs du parti gibelin, et c'est ainsi que la critique moderne peut aujourd'hui les discerner ; c'est ainsi que Dante a été rangé parmi leurs adeptes. La *Divine Comédie* n'est pas l'admirable résumé de la théologie catholique, c'est l'Apocalypse d'une foi nouvelle, destinée à renverser l'Église. Tous ces grand ouvrages entretenaient dans le monde l'esprit d'indépendance que la réforme protestante fit éclater enfin au XVIe siècle, et tous les hommes illustres du moyen âge ne sont que les prédécesseurs de Luther.

Nous n'entreprendrons pas, après les savants travaux de M. Ozanam, de justifier l'orthodoxie de Dante. Au temps où il vécut, au sein de ces républiques italiennes sans cesse agitées par les factions, les noms de Guelfes et de Gibelins avaient bien perdu de leur signification primitive. Dante fut l'ennemi de certains papes, mais non l'ennemi de la papauté. S'il semble absoudre les Templiers, s'il a mis en enfer Boniface VIII et Clément V, il y couche aussi dans des fosses profondes les vieux adversaires du saint-siége, Frédéric II et son chancelier Pierre des Vignes, et ce cardinal Ottavio degli Ubaldini de Florence, qui avouait lui-même avoir perdu son âme en servant les Gibelins (1). On pouvait, sans être hérétique, hésiter sur le sort éternel de Boniface VIII; l'Église même a béatifié son ennemi Jacopone de Todi. Mais si Dante a condamné l'homme, il venge l'injure infligée à la papauté dans les murs d'Anagni, et précipite en enfer Guillaume de Nogaret. Sans doute il y eut au moyen âge des doctrines occultes et des sociétés secrètes ; mais on a singulièrement exagéré l'importance de ce *parler clus* compris des seuls initiés. L'hypothèse qui fait des plus belles œuvres de l'esprit humain autant d'indéchiffrables énigmes se réfute d'elle-même par le ridicule; on admettrait plutôt, avec le P. Hardouin, que toute l'antiquité n'est qu'une invention des moines du moyen âge. Des hommes tels que Dante ou Pétrarque sentent en eux une force capable de remuer le monde ; ils auraient dédaigné de retenir

---

(1) *Inferno*, cant. IX ; — cant. X ; — cant. XIII.

ainsi la vérité captive, et de consacrer leur génie au misérable plaisir de se rendre inintelligibles. Quant à la légende du Saint Graal, on l'a surtout rangée parmi les emblèmes mystérieux de ces doctrines cachées, parce qu'on l'a crue originaire d'Orient; et si, comme nous l'espérons, nous avons démontré son origine celtique, nous avons par là même supprimé l'argument le plus plausible de la thèse que nous combattons.

Le *Parcival* est-il une glorification de l'ordre des Templiers? Nous ne le pensons pas davantage. Nous avons montré nous-même que la présence des ordres religieux et militaires dans le midi de la France put inspirer aux conteurs provençaux l'idée de cette milice du Graal (1). Toute chevalerie avait alors ses lois et ses règles. La Table-Ronde était l'idéal de la chevalerie séculière et mondaine; il fallait aux preux du Saint Graal un idéal encore plus élevé, puisqu'ils étaient choisis parmi les plus purs de la Table-Ronde. On le chercha tout naturellement dans cette vie à la fois monastique et guerrière des Templiers. Les templistes furent donc introduits dans notre légende comme la chevalerie elle-même s'était introduite dans les récits gallois, par cette raison bien simple que, dans les romans, en racontant le passé, on imite toujours le présent. Si, maintenant, nous parcourons le *Parcival,* nous n'y trouvons pas la

(1) *Voy*. notre chap. II.

moindre allusion aux Templiers. La milice qui garde Montsalvat n'est pas répandue par toute la chrétienté; ses domaines se bornent au château où réside le vase sacré. Soumise au roi de Graal, elle n'est point pour cela l'ennemie du pouvoir spirituel. Nul ne peut y être admis s'il n'est chrétien, et Fièrefils ne peut franchir l'enceinte de Montsalvat qu'après avoir reçu le baptême. Ni le saint-siége ni l'empire ne sont nommés dans le poëme. Wolfram a exprimé une fois, dans le *Willehalm*, cette pensée commune à tous les écrivains de son temps, que l'empereur était le suzerain de tous les rois chrétiens; mais on ne peut déterminer s'il fut Guelfe ou Gibelin. Se tairait-il par prudence? Mais ses contemporains ont pu librement élever la voix contre le sacerdoce. Écoutons le Gibelin Walther von der Vogelweide :
« L'empereur Constantin, dit-il, combla le siége
« de Rome de plus de dons que je ne pourrais en
« énumérer; il lui donna l'épée, la croix et la cou-
« ronne. A cette vue, un ange s'écria à haute voix :
« Malheur! malheur! trois fois malheur!... La
« chrétienté se tenait debout, resplendissante de
« beauté, et maintenant un poison se glisse dans
« ses veines; le doux miel de l'Église se change en
« un fiel amer, et ces dons coûteront bien des lar-
« mes au monde!... En effet, les princes ne vivent
« que par les honneurs qu'on leur rend ; et le plus
« grand d'entre eux est méprisé. Voilà ce qu'a fait
« le pouvoir des prêtres. Que nos plaintes en mon-
« tent jusqu'à toi, Dieu de bonté! Les prêtres veu-

« lent ravir aux laïques tous leurs droits ; l'Ange
« nous avait dit vrai (1). » Est-ce assez de liberté?
Et d'ailleurs les empereurs, soigneux de rechercher
des appuis contre le saint-siége, eussent protégé ses
plus ardents ennemis : Frédéric II se fût déclaré
leur chef, au lieu de chercher des auxiliaires en
Asie et d'établir les Sarrasins à Nocera.

Si, même à l'origine, dans la pensée des conteurs
provençaux, cette fable des templistes était une
glorification de l'ordre des Templiers, il ne faudrait pas en conclure que le mythe du Graal cache
un enseignement hostile à l'Église. Qui pourra dire,
en effet, si les accusations sous lesquelles les Templiers succombèrent étaient véritablement fondées?
Quelques-uns, séduits par le prestige de l'Orient,
purent tomber dans une sorte de paganisme ; mais

---

(1)   Künc Constantin der gap sô vil,
        Als ich ez iu bescheiden wil,
        Dem stuol ze Rôme, sper kriuz und krône.
        Zehant der engel lûte schrê :
        « Owê ! owê ! zum dritten wê !
        Ê stuont diu kristenheit mit zühten schône :
        Der ist ein gift nû gevallen ;
        Ir honec ist worden zeiner gallen ;
        Daz wirt der werlt her nâch vil leit. »
        Alle fürsten lebent nû mit êren ;
        Wân der hœste ist geswachet :
        Daz hât der pfafen wal gemachet :
        Daz sî dir, süzer got, gekleit.
        Die pfafen wellent leien reht verkêren.
        Der engel hât uns wâr geseit.
        (*Sprüche* Walther's von der Vogelweide,
          ap. Wackernagel, *Altdeutsches Lesebuch*, p. 385.)

le crime de l'Ordre fut, aux yeux de la royauté, d'être riche et puissant; aux yeux de l'Église, d'être inutile et corrompu. Une société religieuse ne conserve sa pureté primitive qu'en restant fidèle au principe de son institution. Créés pour combattre les infidèles, à quoi servaient les Templiers quand la Terre Sainte était rentrée sous le joug musulman, oisifs dans leurs commanderies d'Europe, tandis que les Hospitaliers défendaient glorieusement les dernières possessions chrétiennes? Un ordre de prêtres trouve toujours dans l'exercice du ministère un aliment à son zèle. Laïques, les Templiers succombèrent aux tentations qu'engendrent l'oisiveté et les richesses, et, dès le XIIIe siècle sans doute, se dessinaient chez eux ces deux partis, si admirablement dépeints par Walter Scott dans *Ivanhoe*, les défenseurs de la vieille austérité et les moines dissolus. Mais les documents connus jusqu'à ce jour n'ont pas encore prouvé l'enseignement d'une doctrine hétérodoxe au sein de l'Ordre. Leur dépravation a laissé partout des souvenirs; mais les populations, même les plus ferventes, ne les ont pas toujours tenus pour infidèles. La ballade bretonne des *Trois Moines rouges* en est une preuve. Dans ce récit pathétique du crime des Templiers, qui enterrent sous les marches de l'autel la malheureuse victime de leur brutalité, on voit des débauchés et des assassins, mais on ne voit pas d'apostats (1).

---

(1) Cf. les fragments de cette ballade, note X.

Prouver que le mythe du Graal glorifie les Templiers ne serait donc rien prouver contre l'Église, surtout au commencement du XIIIe siècle, quand l'Ordre comptait encore beaucoup de dignes chevaliers. Il n'est pas non plus difficile d'expliquer la fable du *Prêtre Jean*. L'Orient, ouvert par les croisades, déjà exploré par les voyageurs, attirait alors tous les regards, et la légende l'avait peuplé d'innombrables merveilles. On se console volontiers en créant dans la fiction ce qu'on n'a pu établir dans la vie réelle; on fonda une monarchie chrétienne idéale dans cette contrée où l'on n'avait pu conserver Jérusalem. L'Orient, comme plus tard le Pérou, était le pays des chimères : les légendes dominicaines de la fin du XIIIe siècle y placent le plus florissant des couvents de leur Ordre, une sorte d'*Eldorado* monacal, où les Pères viennent par centaines s'asseoir aux tables immenses d'un magnifique réfectoire (1). Accusera-t-on aussi les Dominicains d'être en rapport avec les sociétés secrètes de l'Orient, eux, les plus vigilants gardiens de l'orthodoxie, et dont le fondateur apparut à Innocent III, soutenant les murs ébranlés de Saint-Jean de Latran? Laissons donc au *Parcival* sa seule, sa vraie signification. Wolfram n'y a voulu glorifier que l'amour et la pureté, et ce simple et naïf chevalier serait bien étonné

---

(1) Sur le couvent fabuleux des Dominicains d'Abyssinie cf. le P. Hélyot, *Hist. des ordres religieux*, t. III, ch. XXV.

d'apprendre tout ce que son poëme renferme de mystères.

Une autre question nous semble plus importante. Quand on découvre dans le *Parcival* tant de grands sentiments, souvent si bien exprimés, quand on voit les minnesinger s'élever jusqu'aux plus hautes inspirations de la poésie lyrique, on se demande pourquoi leur école n'a pas fixé la langue allemande? comment, après avoir brillé d'un si vif éclat, elle s'éteint si tôt dans une aussi complète décadence? pourquoi il fallut encore trois siècles avant que l'allemand moderne trouvât son expression définitive sous la plume de Luther?

Et cette question devient aussitôt plus générale; car, au moyen âge, trois littératures ont poussé des fleurs sans produire de fruits. Les trouvères et les troubadours ont, comme les minnesinger, répandu quelque grâce sur leurs vieux idiomes; mais ils n'ont pu leur donner cette beauté durable qui captive pour de longs siècles les générations charmées, et fixe une langue en lui donnant des modèles qu'on voudra toujours imiter, parce qu'on les admirera toujours.

L'histoire d'un de nos troubadours représente assez bien la destinée des littératures du moyen âge. Geoffroy Rudel vit un jour, en France, le portrait d'une noble dame de la Terre Sainte, la comtesse de Tripoli. Épris de sa beauté, il s'embarqua pour la Palestine, charma les ennuis du voyage en chantant son amour, mais il put à peine contempler quelques instants celle qu'il avait cherchée, car il mourut en arrivant au port. De même, au premier éveil des langues modernes, la poésie apparaît comme une image radieuse aux conteurs et aux chantres d'amour. Épris aussi de sa beauté, ils partent pour l'atteindre, et les chants dont ils égayent le voyage nous plaisent encore, malgré la rudesse d'une langue inculte. Il semble qu'on va assister à la naissance de trois grandes littératures ; mais nos pèlerins meurent au moment de toucher au port, et la poésie se dérobe à cette triple étreinte, comme l'ombre de Créüse aux embrassements d'Énée :

> Ter conatus ibi collo dare bracchia circum ;
> Ter frustra comprensa manus effugit imago,
> Par levibus ventis volucrique simillima somno.

C'est que, pour fixer une langue, il faut plus que de l'inspiration, il faut du travail et de la science. Or, au moyen âge, le latin était la langue des savants ; les idiomes vulgaires étaient abandonnés aux hommes illettrés, incapables par conséquent de cette sûre critique qui démêle, dans une langue encore indécise, les éléments durables des formes passagères que proscrira plus tard son génie. Enfin, pour fixer une langue, il faut un de ces monuments qui résument la pensée de tout un siècle, un de ces ouvrages qui, jour et nuit feuilletés, ploient toutes les intelligences aux formes qu'ils adoptent, en occupant l'esprit et la mémoire de tous. La poésie lyrique ne peut répondre à ce besoin ; elle est trop personnelle pour exercer une influence générale sur toute une société ; et dans la poésie légendaire, rien au moyen âge ne s'est complétement affranchi d'une médiocre uniformité. Wolfram lui-même, malgré toute l'élévation de ses pensées, n'a pu, faute de science, dompter une langue rebelle. Ce conteur, qui ne savait pas lire, pouvait rencontrer la poésie ; il ne lui était pas donné d'atteindre à la perfection. Il était supérieur à ses rivaux, assez pour être préféré, pas assez pour substituer sa propre langue à la leur, et les faire oublier. Voilà pourquoi le *Parcival* n'a pas exercé sur la langue allemande l'influence qu'on devrait attendre quand on songe à son immense renommée. Un seul livre au moyen âge a fait ainsi une langue à son image, parce qu'il résumait toutes les croyances, tout le savoir et toutes les passions de son temps : c'est la *Divine Comédie*. Sans doute l'Italie, héritière plus directe de la civilisation latine, devait nécessairement devancer les autres nations ; mais les éléments de sa littérature moderne restaient épars et divisés dans son sein ; Dante les découvrit, en forma le superbe assemblage, et lui donna par son génie une immortelle consécration.

En rappelant ce nom de Dante, que ramènent inévitablement toutes les grandes questions du moyen âge, comment oublier celui qui fut parmi nous son plus éloquent et son plus digne interprète ; celui dont les entretiens nous avaient inspiré le goût de ces études, et dont la bienveillance nous eût guidé dans ces longues recherches? C'est à M. Ozanam qu'il appartenait de décider ces questions que nous avons imparfaitement traitées. Analysé dans l'un de ses premiers cours, le *Parcival* eût encore été l'objet de ses leçons, si, poursuivant l'histoire de la civilisation et des lettres aux temps barbares, il eût élevé à la gloire du christianisme le magnifique monument que sa mort laisse inachevé. Sa critique, toujours si savante et si sûre, eût éclairé l'origine de ces légendes, en même temps que sa parole en eût fait comprendre et aimer la poésie. Nous n'avons pas la prétention d'avoir comblé cette lacune ; heureux seulement, si nous avons parfois reproduit ses doctrines, rendu hommage aux idées qui lui étaient chères, et si nous avons pu, malgré notre faiblesse, suivre quelques instants les traces d'un maître bien-aimé.

NOTES ET ÉCLAIRCISSEMENTS.

NOTES

ET ÉCLAIRCISSEMENTS.

Note 1.

DE LA PRÉSENCE DU SENTIMENT CHEVALERESQUE DANS L'ÉPOPÉE DES NIBELUNGEN.

Fragment de la XXXVIIe Aventure : Comment Rudiger fut tué.

S'avançant vers les portes, Rudiger dit à ses amis : « Vaillants Nibelungen, me voici : défendez-vous avec ardeur ! Vous deviez croire en mon assistance, et je viens vous causer du dommage ; nous nous sommes aimés et je viens croiser le fer avec vous ! »

.... « Que le Dieu du ciel, s'écria le roi Gunther, vous permette encore avec nous, ô Rudiger ! cette noble alliance d'armes que vous nous avez promise. Votre miséricorde est notre dernier espoir. Ah ! je ne puis croire ce que vous me dites. »

— « Un serment funeste m'oblige, répond le sage Rudiger ; je dois me battre avec vous, car je l'ai juré ; défendez-vous donc, braves guerriers, défendez-vous si vous aimez la vie. La femme d'Attila n'a pas voulu me délier de mes serments. »

.... Rudiger ajouta : « O très-noble Gernot ! plût à Dieu que vous fussiez sur le Rhin et moi dans la tombe avec un peu de gloire ! Hélas ! jamais, jusqu'à ce jour, on n'avait vu des amis attaquer des amis, et je dois me faire votre ennemi. »

Giselher (le gendre de Rudiger) dit au margrave : « Sire Rudiger, que voulez-vous faire?.... Le margrave lui répondit :

« Qu'il vous souvienne de vos amours, ô prince juste et magnanime ! Si vous êtes sauvé par la volonté de Dieu, que votre femme ne soit pas châtiée en mémoire de son père ; recevez-la à miséricorde au nom de toutes les vertus d'un chef. »

.... Après un court silence, Hagen s'écria : « Je suis en grand souci ; si du moins j'étais armé. Le bouclier dont la généreuse Gotelinde m'avait enrichi, les Huns l'ont haché à mon bras. Je l'avais porté avec joie et confiance sur les terres d'Attila. »

« Si seulement le Dieu du ciel m'accordait d'avoir un aussi fort bouclier que celui qui couvre ton bras, magnanime Rudiger, sans cuirasse j'affronterais la plus sanglante mêlée. »

« Je te serais volontiers favorable par le don de mon bouclier, dit Rudiger, si je pouvais le faire devant Crimhilde. Mais, il n'importe ! prends-le, Hagen, place-le à ton bras, et puisses-tu l'emporter au pays de Bourgogne ! »

Quand le gracieux et magnanime Rudiger se montra si prompt à sacrifier son fort bouclier, tous les yeux se remplirent de larmes amères et brûlantes. Ce fut le dernier don octroyé à un guerrier par le vertueux Rudiger de Pechlarn.

Quelque rude que fût Hagen, quelque féroce qu'il eût toujours été, il se sentit vivement ému par le don que lui faisait le héros généreux, si près, hélas ! de ses derniers moments sur la terre ! Et tous ces guerriers d'élite se prirent à pleurer comme lui.

Note II.

TRADUCTION DE L'ODE VI DE WOLFRAM D'ESCHENBACH.

Ursprinc bluomen, loup uz dringen.
(Voy. *Lachmann*, p. 7.)

On voit les fleurs éclore et les forêts se couvrir de feuillage; le doux zéphir de mai rappelle aux oiseaux leurs chants accoutumés; mais moi, ô femme chérie, je puis aussi entonner de nouvelles chansons, même quand les frimas ont glacé la terre, même quand on me refuse ma récompense; tandis qu'après l'été, on n'entend plus retentir la voix des joyeux hôtes des forêts.

Lorsque les gouttes de rosée font étinceler les fleurs aux rayons du soleil levant, quand les oiseaux les plus gais, les plus harmonieux, bercent au printemps leurs petits au bruit d'un doux ramage, lorsque le rossignol ne sommeille point, alors, moi aussi, je veille; je chante et sur la montagne et dans la vallée.

Mes chants veulent trouver grâce devant toi, femme chérie! Viens à mon secours; car je ne puis vivre sans toi. Laisse-moi te consacrer cet hommage que je te voue à jamais, que je te voue jusqu'à la mort. Que tes faveurs me consolent, qu'elles apaisent mes longues douleurs.

Noble dame, mes hommages pourront-ils obtenir qu'un de tes arrêts favorables me rende la joie, que mes peines s'évanouissent, et qu'un amour aussi fidèle reçoive une douce récompense! Ta bonté me force à te célébrer dans mes vers, peu de temps, si tu repousses mes vœux, longtemps, si tu me rends à la vie.

Noble dame, ta bonté qui me charme, et ton dédain de

mon amour ont suspendu le cours de mon bonheur. Veux-tu consoler mon âme ? Une douce parole sortie de ta bouche a tant de charme pour moi. Détourne loin de moi les maux dont je me plains, afin que je puisse encore goûter quelque félicité en cette vie.

Note III.

DE DIVERSES RELIQUES ANALOGUES AU SAINT GRAAL.

La chronique de Mathieu Paris (*Ad ann.* 1247) nous atteste que le patriarche de Jérusalem envoya au roi d'Angleterre Henri III quelques parcelles du sang du Christ, qu'on croyait avoir retrouvées en Palestine. Ce fut un Templier qu'on chargea du message.

L'abbaye de l'île Barbe, près de Lyon, prétendait aussi posséder le vase où avait été instituée l'Eucharistie ; et l'un des vieux historiens de ce couvent, discutant l'authenticité de cette relique, nous fournit de curieux renseignements sur d'autres reliques semblables qu'on vénérait en divers lieux. Nous le laissons parler sans rien changer à son naïf langage :

« La narration de la Coupe pretieuse, qu'on prétend avoir servy à la dernière Cœne, et la Prophetie de ce bon Evêque venu de Grece pour l'honorer ne sont pas mieux appuyées..... Je reconnois pourtant qu'en l'an MDXXXV nous avions dans nôtre Eglise certaine Coupe de grand prix. Coupe dy-je qui servit de curée aux derniers hérétiques l'an MDLXII. Mais qu'elle ait servy à la derniere Cœne pour l'institution de la saincte Eucharistie, c'est ce qui reste à prouver aussi bien que ce que l'on dit d'une piece semblable qui se trouve en la ville de Valence en Espagne, et d'une autre, d'une pierre inconüe, qui est à Brives-la-Gaillarde en Limousin, rompüe, dit-on, du costé que Judas la toucha lorsqu'elle lui fut présentée à son tour. Et enfin de je ne scay quel autre vaisseau que l'on dit être en la ville de Genes, lequel a cet avantage d'être venu de la ville de Césarée en Palestine, conquise par Baudouin premier, roy de Hierusalem, à l'ayde des Genois à qui cette piece escheut en partage dans la distribution du butin et des depouilles de cette ville. »

« Car pour la veritable Couppe ou Calice dont notre Seigneur se servit en cette Cœne mysterieuse, elle n'avoit rien de semblable à tous ces vases dont nous avons parlé, et nous apprenons du venerable Bede que cette saincte et pretieuse relique étoit d'argent à deux anses comme les anciens calices du temps passé, et qu'on la voyoit de son temps en Hierusalem, enfermée dans un petit coffret, ou caisse fenestrée par en haut, d'où on la faisoit voir et toucher aux Pelerins et autres personnes devotes. »

« Cl. Le Laboureur. *Les masures de l'Abbaye royale de l'Isle Barbe les Lyon.* — A Lyon, de l'imprimerie de Claude Galbit, MDCLXV. Ch. II. § 8 et 9.

Note IV.

SUR LES RAPPORTS DE LA LÉGENDE DE FRÉGUS ET GALIENNE
AVEC LA FABLE DE PÉRÉDUR.

On doit à Guillaume, clerc de Normandie, le roman de *Frégus et Galienne,* qui porte aussi le titre de « *Roman du chevalier au bel escu.* » Cette légende nous semble une reproduction évidente de la fable de Pérédur, telle qu'elle est consignée dans la première branche du *Mabinogi*. Les noms seulement ont été changés, et quelques circonstances omises ou dénaturées.

Un jour de fête de saint Jean, Arthur propose à ses chevaliers une grande partie de chasse. Une coupe d'or sera le prix de celui qui prendra le cerf blanc. La noble compagnie part aussitôt : on remarque dans ses rangs Gauvain, Lancelot, Erec, Yvain. Perceval. Ce dernier obtient le prix proposé. Comme les chevaliers retournent au château d'Arthur, un jeune pâtre, Frégus, fils d'un riche vilain, qui possédait des terres et un manoir près de Glasgow, aperçoit ce brillant cortége, et conçoit le désir de devenir aussi chevalier. Ainsi le goût de la chevalerie s'éveille dans l'âme de Pérédur à l'aspect des guerriers qui chevauchent sur la lisière de la forêt. C'est la même histoire tombée en roture.

Le père de Frégus s'oppose à son départ; mais sa mère, plus confiante dans l'avenir, parvient à fléchir son mari, et Frégus, mal équipé, armé d'une hache, chevauche vers la cour d'Arthur. Chemin faisant il s'égare dans une forêt; quatre voleurs l'attaquent; deux sont tués, les deux autres s'enfuient. Frégus coupe les têtes des morts, les attache par la barbe à la selle de son cheval, et arrive ainsi à Cardueil, où se tient la cour d'Arthur.

Comme dans le *Mabinogi de Pérédur* et le *Perceval* français, l'allure singulière du héros lui attire les plaisanteries de Keux, le sénéchal. Frégus n'en est nullement intimidé, et demande l'ordre de chevalerie avec la plus grande naïveté. Il dit à Arthur :

> « Je serai vostre consiliers
> Avec ces autres chevaliers
> Que je vois entour vous séir.
> Dam Keux ne se pot plus tenir,
> Et dist : « Varlez, en moie foi,
> Bien samblés consillier de roi. »

Frégus eût traité Keux comme les voleurs de la forêt, si Arthur n'eût arrêté son bras. Le railleur sénéchal propose d'envoyer l'étranger faire ses preuves contre un géant terrible qui habite sur la montagne Noire. Frégus accepte, et l'expédition est fixée au surlendemain. Ainsi Kai envoie Pérédur sur la prairie combattre le chevalier qui a insulté Gwenhywar.

Sur ces entrefaites Frégus reçoit l'hospitalité chez un châtelain dont la nièce Galienne s'éprend pour lui d'une passion violente. Lorsqu'on l'a fait chevalier, la noble demoiselle, ne pouvant résister à son amour, vient le déclarer à notre héros. Mais lui, peu formé aux règles de la courtoisie, lui répond sèchement qu'il a bien autre chose à faire que de s'occuper d'amour, qu'il a un géant et un lion à combattre, et qu'il doit partir pour les dompter. Ici les détails ont, il est vrai, changé; mais nous retrouvons le même type, un héros qui, élevé loin des cours, manque par ignorance aux règles de la chevalerie, et subira ensuite maints travaux pour réparer ses torts involontaires.

Frégus réussit dans son aventureuse expédition; le géant terrassé demande la vie. Frégus la lui accorde, à condition qu'il ira à Cardueil faire hommage au roi Arthur, et promettre de sa part à Keux qu'à son retour il s'empressera de le châtier. Ici la ressemblance avec le *Mabinogi* est complète.

Cependant le souvenir de Galienne poursuit Frégus, il se repent de l'avoir si durement traitée, et retourne au château de son père. Il apprend que, désespérée des refus qu'elle a essuyés, Galienne est partie, et qu'elle cherche sans doute à le rejoindre; il part à son tour pour la retrouver. Après mainte aventure, il arrive enfin devant un vieux château où sa maîtresse est enfermée, et assiégée par un chevalier félon à qui elle refuse sa main. Frégus la délivre et triomphe de son indigne rival, et les deux amants vont célébrer leurs noces à Cardueil, en présence de toute la cour. Ce dernier trait rappelle la belle châtelaine que Pérédur défend dans le *Mabinogi*, les épisodes du siége de Beaurepaire ou de Belripar, dans Chrétien de Troyes et Wolfram d'Eschenbach, et atteste ainsi la parenté étroite des deux légendes.

Nous retrouvons donc dans *Frégus et Galienne* la fable de Perceval, dégagée, en quelque sorte, de tout élément mystique; car la légende du Saint Graal, à peine indiquée dans le *Mabinogi de Pérédur*, est complétement absente du conte de Guillaume. Notre auteur fait apparaître Perceval au début de son roman, sans se douter qu'il raconte, sous le nom de Frégus, la propre histoire de ce héros, fait curieux, qui montre comment l'imagination des conteurs, s'exerçant séparément sur la matière primitive d'une légende, pouvait la transformer au point que deux formes d'une même tradition se fissent plus tard des emprunts comme si elles étaient étrangères. Remarquons enfin que la scène du roman de *Frégus et Galienne* est toujours en Angleterre ou en Écosse, preuve nouvelle qu'il ne faut pas chercher sur le continent l'origine du cycle Arthurien (1).

Note V.

DES RAPPORTS DU CHANT BRETON DE LEZ-BREIZ AVEC LA LÉGENDE DE PERCEVAL.

Le poëme breton de *Lez-Breiz,* célèbre les exploits de Morwan, vicomte de Léon, fameux pour avoir défendu l'indépendance de l'Armorique contre Louis-le-Débonnaire. Fixant la date de ce poëme à une époque encore peu éloi-

---

(1) Cf. les analyses du roman de Frégus et Galienne, *Hist. littéraire de la France*, t. XIX, p. 655. *Bibliothèque universelle des romans*, t. XVI; et l'édition donnée par M. Francisque Michel.

gnée des événements qu'il raconte, M. de la Villemarqué y voit le thème primitif de la légende de Pérédur, légende altérée ensuite dans les *Mabinogion,* plus altérée encore chez les trouvères. C'est ce qu'il a voulu prouver dans un parallèle entre la version armoricaine et certains passages du *Mabinogi de Pérédur* et du *Perceval* français.

Nous ne récusons nullement l'autorité de M. de la Villemarqué, si compétente en tout ce qui touche à la littérature celtique. Peut-on admettre cependant, à en juger par les documents que ses excellentes traductions nous ont fait connaître, que le *Mabinogi de Pérédur* ne soit qu'une imitation dégénérée du chant de *Lez-Breiz?* Sur ce point nous nous permettons de lui soumettre quelques doutes :

1° Le chant de *Lez-Breiz* ne renferme que deux épisodes de notre légende : le départ du héros lorsqu'il a rencontré des chevaliers, et son retour au manoir de sa mère. Le premier de ces épisodes figure seul dans le *Mabinogi.* Or, nous avons montré que la fable de Pérédur n'a pas seulement inspiré aux conteurs le récit conservé par le *livre rouge d'Hergest;* mais que de nombreux passages du *Mabinogi* font allusion à d'autres traditions contemporaines. Nous posons donc cette question : Faut-il donner l'Armorique pour patrie à une légende dont un chant breton reproduit par hasard deux épisodes, ou bien faut-il la rapporter au pays de Galles où on la retrouve développée, entourée d'un grand nombre de traditions évidemment galloises, qu'elle explique et qui servent à l'expliquer?

2° L'élément le plus important de la légende, le mythe du bassin magique, n'est pas même indiqué dans le chant de *Lez-Breiz.* Or, au témoignage de M. de la Villemarqué, ce mythe est évidemment gallois. Cela ne permet-il pas de supposer que la légende qui s'y est si intimement rattachée ne saurait avoir une origine différente?

3° Il n'y a aucun rapport entre le caractère de Lez-Breiz, défenseur farouche de l'indépendance armoricaine, et le caractère doux, simple et naïf que les *Mabinogion* et les légendes prêtent à Pérédur.

4° Les récits gallois sont antérieurs au moins au xiie siècle, époque à laquelle ils passent dans la littérature anglo-normande. M. de la Villemarqué nomme lui-même (1) les personnes de la bouche desquelles il a recueilli ce récit. L'antiquité probable d'une tradition orale recueillie seulement il y a quelques années, et exposée à tous les remaniements que subissent les légendes tant qu'elles ne sont pas fixées par l'écriture, peut-elle se comparer à l'antiquité certaine des *Mabinogion*?

5° Ces deux épisodes, placés au début du chant de *Lez-Breiz*, ne seraient-ils pas eux-mêmes une de ces additions si fréquentes au moyen âge, lorsque les conteurs, pour compléter l'histoire d'un héros, parlaient ou de son enfance ou de ses aïeux? Et, dans ce cas, cette addition n'a-t-elle pas pu être faite à une époque relativement assez récente, lorsque les fables de la Table-Ronde, passées du pays de Galles sur le continent, étaient devenues populaires jusqu'en Bretagne?

6° Ce qui semblerait confirmer cette hypothèse, c'est que le second des épisodes qu'on retrouve au début du chant de *Lez-Breiz*, la visite du héros au manoir de sa mère, n'est pas développé dans le *Mabinogi de Pérédur*. Il figure dans l'œuvre des trouvères, mais il n'est là qu'une reproduction assez évidente d'un épisode plus ancien et emprunté au *Mabinogi*, la visite de Perceval chez l'ermite; ce sont les mêmes circonstances, quelques détails seulement sont changés; et on a introduit un personnage nouveau : la sœur de Perceval. Il semblerait donc que l'épisode du chant de *Lez-Breiz* est contemporain des remaniements de la légende sur le continent. Il serait alors bien postérieur aux *Mabinogion*.

Enfin M. de la Villemarqué prouve l'antériorité du chant

(1) *Chants popul*, t. i, p. 184.

de *Lez-Breiz* en montrant combien les reproductions infidèles et imparfaites du *Mabinogi de Pérédur* et du *Perceval* français ont altéré l'original. La lecture attentive des textes ne nous a pas convaincu de cette infériorité. On doit sans doute, après avoir lu le beau recueil de M. de la Villemarqué, admirer la poésie des chants qu'il a su rendre avec tant de force et de grâce, mais on peut admettre aussi que d'autres littératures légendaires ont été parfois plus heureusement inspirées. D'ailleurs quand cette supériorité du chant de *Lez-Breiz* serait établie, fallait-il soumettre Wolfram d'Eschenbach à la loi commune, et traiter « d'amplificateur lourd, traînant et monotone » un poëte dont M. de la Villemarqué eût certainement apprécié le mérite s'il en avait fait une étude plus approfondie?

En signalant ainsi quelques assertions prématurées dans les notes si savantes de M. de la Villemarqué, nous ne prétendons pas décider la question, et encore moins fixer les dates respectives des poëmes. Nous soumettons quelques doutes, que nous croyons fondés. Notre critique ne saurait être d'ailleurs que respectueuse envers l'ami de notre maître M. Ozanam, envers celui qui a rendu un si touchant hommage à sa mémoire dans les pages de la *Revue contemporaine*.

Note VI.

SUR LE ROMAN EN VERS DU SAINT GRAAL.

Nous n'avons pu, dans cette rapide analyse des principales œuvres qu'a inspirées la légende du Saint Graal, donner place au roman en vers publié par M. Francisque Michel. D'ailleurs il ne doit occuper dans le cycle légendaire qu'un rang assez inférieur. Ce que nous avons conservé ne se rapporte qu'au début de la légende, à l'histoire de Joseph d'Arimathie et de son neveu, le premier prêtre du Graal. Mais ce qui classerait ce roman, fût-il complet, bien après le *Perceval,* c'est le caractère prosaïque des détails; on n'y trouve pas ces gracieuses inspirations qui attachent quelquefois à la lecture d'une page de Chrétien de Troyes. Rien n'est plus trivial que ce passage où le beau-frère de Joseph d'Arimathie délibère avec sa femme sur ce qu'ils feront de leur nombreuse famille, dont ils sont « mout encombré. » Mais le modèle du genre, c'est l'explication de la trahison de Judas Iscariote.

L'auteur suppose que, plein d'affection pour Judas, Notre-Seigneur lui avait accordé la dîme de toutes les aumônes qu'il recevait pour lui et ses disciples. Lorsque Madeleine vient répandre sur la tête du Sauveur un parfum valant trois cents deniers, Judas, frustré de trente deniers qui lui revenaient de droit, si les apôtres eussent reçu cette somme, conçoit dans son dépit le projet de vendre son maître.

> Mais Judas mout s'en courouça,
> Trois cenz deniers, ou plus, valoit,
> Sa rente perdue en avoit.
> C'est en disme trente deniers,
> C'en devoit estre ses louiers.
> Commença soi à pourpenser
> Comment les pourra recouvrer. (V. 254 et suiv.)

Les pharisiens ayant consenti à lui rendre ces trente deniers, le marché est conclu et la trahison consommée :

> Judas leur dist : « Se vous volez,
> Je l'vous vendrai, si le prenez. »
> Cil dient : « Oïl, volontiers. »
> « Donnez-moi donc trente deniers.
> L'uns en sa bourse pris les ha,
> Et tantost Judas les donna.
> Ainsi eut son restorement
> De sa perte de l'oignement. (V. 290 et suiv.)

De tels détails dépassent le prosaïque et touchent au grossier. Ce peu de citations suffit pour faire connaître le caractère de ce roman, curieux à consulter quand on étudie les commencements de la légende du Saint Graal, mais dépourvu de toute valeur littéraire.

Note VII.

TRANSFORMATION DE LA LÉGENDE DE LOHENGRIN.

La légende de Loherangrin ou Lohengrin existe encore en Allemagne à l'état de conte populaire. Seulement elle est rapportée à l'histoire de la famille des ducs de Clèves.

« En l'année 711 vivait Béatrix, fille unique du duc de Clèves. Son père était mort, et elle était dame de Clèves et de beaucoup d'autres pays. Un jour la jeune châtelaine était assise dans le château de Nimwègue ; il faisait beau, le temps était clair et elle regardait le Rhin. Elle y vit une singulière chose. Un cygne blanc descendait le fleuve, et il portait au cou une chaîne d'or. A la chaîne était attaché un petit vaisseau que tirait ce cygne ; dans le vaisseau était assis un bel homme. Il tenait un glaive d'or dans la main, un cor de chasse pendait à son côté ; il avait au doigt un anneau précieux. Ce jeune homme mit pied à terre, et parla beaucoup à la demoiselle ; il lui dit qu'il protégerait ses domaines et chasserait ses ennemis. Ce jeune homme lui plut si bien, qu'elle s'en fit aimer et le prit pour époux. Mais il lui dit : « Ne me questionnez jamais sur ma race, ni sur mon origine ; car du jour où vous me le demanderez, je serai séparé de vous, et vous ne me reverrez jamais. » Et il lui dit encore qu'il s'appelait Hélias. Il était grand de corps tout comme un géant. Ils eurent depuis ensemble plusieurs enfants. Mais au bout de quelques années, une nuit que cet Hélias était dans le lit à côté de sa femme, la princesse lui dit sans prendre garde : « Seigneur, ne voudrez-vous pas dire à vos enfants d'où vous sortez. » A ces mots Hélias quitta la dame, sauta dans son vaisseau de cygne, et ne fut plus revu depuis. Sa femme se chagrina et mourut de repentir dans la même année. Il paraît pourtant qu'il laissa à ses enfants ses trois joyaux : le glaive, le cor et l'anneau. Ses descendants existent encore, et dans le château de Clèves s'élève une haute tour, au sommet de laquelle tourne un cygne ; et on l'appelle tour du Cygne, en mémoire de l'événement (1). »

L'Allemagne est, en effet, restée plus fidèle que la France aux vieux souvenirs du moyen âge. Tantôt les légendes se sont ainsi ajoutées à l'histoire des anciennes familles seigneuriales, tantôt elles ont subsisté, pures de tout mélange, sous la forme de petits livres populaires. Le paysan allemand achète encore aux foires les aventures de Siegfried et de Crimhilde, et on retrouve dans ces curieuses collections jusqu'aux fables d'origine française, telles que la merveilleuse histoire de *Mélusine*.

(1) Henri Heine, *de l'Allemagne*, t. II, p. 69.

Note VIII.

GÉNÉALOGIE DES ROIS DU GRAAL.

| Trevrezent. | Anfortas. | Joisiane, mère de Sigune. | Herzéloïde, épouse de Gamuret. | Urepanse de Joie, épouse de Fièrefils. |

FAMILLE DE PARCIVAL.

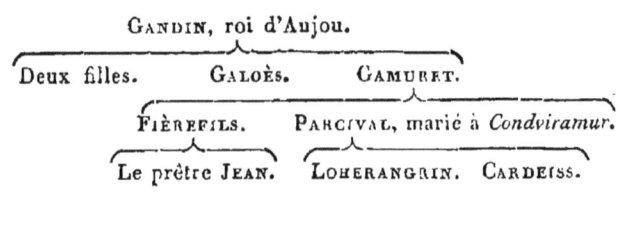

| Deux filles. | Galoès. | Gamuret. |

Fièrefils. Parcival, marié à *Condviramur*.

Le prêtre Jean. Loherangrin. Cardeiss.

Note IX.

TEXTE DE DIETRICH DE THURINGE SUR KLINGSOR DE HONGRIE.

In hujus (Hermanni) palatio et familia fuerunt sex viri milites, nataliciis non infimi, ingenio excellentes, honestate morum virtuosi, cantilenarum confectores summi, sua certatim studia efferentes.

Habitabat tunc in partibus Ungariæ, in terra quæ Septem Castra vocatur, nobilis quidam, et dives trium millium marcorum annuum habens censum, vir Philosophus, litteris et studiis sæcularibus a primævo ætatis imbutus, nigromantiæ et astronomiæ scientiis nihilominus eruditus. Hic magister, Clyngsor nomine, ad dijudicandas prædictorum virorum cantiones in Thuringiam per voluntatem et beneplacitum Principum est adductus. Qui, antequam ad Lantgravium introisset, nocte quadam in Ysenach sedens in arca hospitii sui, astra magna diligentia intuitus est. Tum rogatus ab his qui aderant ut, si qua secreta perspexisset, diceret, respondit : Noveritis quod hac nocte nascitur regi Ungariæ filia, quæ Elizabeth nuncupabitur, et erit sancta, tradeturque ejus principis filio in uxorem, de cujus sanctitatis præconio exultabit et exaltabitur omnis terra.

Ecce qui per Balaam ariolum incarnationis suæ prænuntiavit mysterium, ipse per hunc præelectæ famulæ suæ Elizabeth prædixit nomen et ortum.

(Cf. M. von der Hagen, t. IV, p. 748.)

Note X.

FRAGMENTS DE LA BALLADE DES TROIS MOINES ROUGES (1).

Katelik Moal cheminait disant son chapelet, quand trois moines, armés de toutes pièces, la joignirent ;

Trois moines sur leurs grands chevaux, bardés de fer de la tête aux pieds, trois moines rouges.

— Venez avec nous au couvent, venez avec nous, belle jeune fille ; là, ni or, ni argent, en vérité, ne vous manquera.

— .... Non, vraiment ! je n'irai point avec vous, j'aime mieux être brûlée !

(1) La Villemarqué, *Chants populaires de la Bretagne*, t. I, p. 305.

.... Je n'irai point au couvent, j'aime mieux rester dehors. Sept jeunes filles de la campagne y sont allées, dit-on, sept jeunes filles à fiancer, et elles n'en sont point sorties.

— S'il y est entré sept jeunes filles, vous serez la huitième.

Et eux de la jeter à cheval, et de s'enfuir au galop ;

De s'enfuir vers leur demeure, de s'enfuir rapidement avec la jeune fille en travers, à cheval, un bandeau sur la bouche.

.... Et au bout de sept ou huit mois, ou quelque chose de plus : « Que ferons-nous, mes frères, de cette fille-ci maintenant? »

— Mettons-la dans un trou de terre. — Mieux vaudrait sous la croix. — Mieux vaudrait encore qu'elle fût enterrée sous le maître-autel.

— Eh bien ! enterrons-la ce soir sous le maître-autel, où personne de sa famille ne la viendra chercher.

Vers la chute du jour, voilà que tout le ciel se fend ! de la pluie, du vent, de la grêle, un tonnerre épouvantable.

Or, un pauvre chevalier, les habits trempés par la pluie, voyageait tard, battu de l'orage ;

Il voyageait par là, et cherchait quelque part un asile, quand il arriva devant l'église de la commanderie.

Et lui de regarder par le trou de la serrure, et de voir briller dans l'église une petite lumière ;

Et les trois moines, à gauche, qui creusaient sous le maître-autel, et la jeune fille, sur le côté, ses petits pieds nus attachés.

La pauvre jeune fille se lamentait et demandait grâce : « Messeigneurs, laissez-moi la vie, au nom de Dieu ! »

.... La lumière s'éteignit, et il restait à la porte sans bouger, stupéfait.

Quand il entendit la jeune fille se plaindre au fond de son tombeau :

— « Je voudrais pour ma créature l'huile et le baptême ; puis l'extrême-onction pour moi-même, et je mourrai contente et de grand cœur après. »

Monseigneur l'évêque de Cornouaille, éveillez-vous, éveillez-vous ; vous êtes là, dans votre lit, sur la plume bien molle, et il y a une jeune fille qui gémit au fond d'un trou de terre dure ; demandant l'huile et le baptême pour sa créature, et l'extrême-onction pour elle même.

.... Les moines ont été brûlés vifs, et leurs cendres jetées au vent ; leur corps a été puni à cause de leur crime.

Ce fragment atteste bien la dépravation des mœurs chez les Templiers, mais on n'y trouve pas trace d'apostasie. Jusqu'à quel point le mahométisme ou le paganisme s'étaient-ils répandus dans cet Ordre ? C'est, je crois, ce qu'on ne pourra jamais éclaircir complétement.

— Sur les prétentions des sociétés secrètes modernes qui veulent se rattacher aux Templiers, cf. une dissertation de Thilo, à la fin de son édition du *Codex apocryphus Novi Testamenti*.

ERRATA.

Page 36, ligne 20	*lisez :* la parole	*au lieu de :* sa parole.
— 62, ligne 2 des notes,	— en tête	— en titre.
— 62, ligne 12	— ni l'Grazaus	— ni 'Grazaus.
— 74, ligne 22	— Durandal	— Durandad.
— 169, ligne 10	— Boutez	— Boulez.

PARIS. — IMPRIMERIE DE W. REMQUET ET Cie.
rue Garancière, 5, derrière Saint-Sulpice.

www.ingramcontent.com/pod-product-compliance
Lightning Source LLC
Chambersburg PA
CBHW060133170426
43198CB00010B/1144